AF561773

Das Epos der Römer

Glanzlichter aus Vergils Aeneis

bearbeitet von
Michael Lobe

C.C. BUCHNER VERLAG

Lektüreklassiker fürs Abitur

Herausgegeben von Michael Lobe

Heft 16: *Das* Epos der Römer, Glanzlichter aus Vergils Aeneis

wurde bearbeitet von Michael Lobe

Zu diesem Lehrwerk sind erhältlich:

- Digitales Lehrermaterial click & teach Einzellizenz, WEB-Bestell-Nr. 530861

Weitere Lizenzformen (Einzellizenz flex, Kollegiumslizenz) und Materialien unter www.ccbuchner.de

1. Auflage, 1. Druck 2024
Alle Drucke dieser Auflage sind, weil untereinander unverändert, nebeneinander benutzbar.

Dieses Werk folgt der reformierten Rechtschreibung und Zeichensetzung. Ausnahmen bilden Texte, bei denen künstlerische, philologische oder lizenzrechtliche Gründe einer Änderung entgegenstehen.
Die Mediencodes enthalten ausschließlich optionale Unterrichtsmaterialien. An keiner Stelle im Schülerbuch dürfen Eintragungen vorgenommen werden. Haftungshinweis: Trotz sorgfältiger inhaltlicher Kontrolle wird die Haftung für die Inhalte externer Seiten ausgeschlossen.

© 2024 C.C.Buchner Verlag, Bamberg
Das Werk und seine Teile sind urheberrechtlich geschützt. Jede Nutzung in anderen als den gesetzlich zugelassenen Fällen bedarf der vorherigen schriftlichen Einwilligung des Verlags. Hinweis zu §§ 60 a, 60 b UrhG: Weder das Werk noch seine Teile dürfen ohne eine solche Einwilligung eingescannt und/oder in ein Netzwerk eingestellt werden. Dies gilt auch für Intranets von Schulen und sonstigen Bildungseinrichtungen. Fotomechanische, digitale oder andere Wiedergabeverfahren sowie jede öffentliche Vorführung, Sendung oder sonstige gewerbliche Nutzung oder deren Duldung sowie Vervielfältigung (z.B. Kopie, Download oder Streaming), Verleih und Vermietung nur mit ausdrücklicher Genehmigung des Verlags.

Lektorat: Josephine Meinert
Layout und Satz: ideen.manufaktur, Bochum
Druck und Bindung: mgo360 GmbH & Co. KG, Bamberg

www.ccbuchner.de

ISBN 978-3-661-**53076**-5

Inhaltsverzeichnis

Vorwort

Arma virumque cano...
„Von Waffen singe ich und von dem Mann, der als Erster von Troja nach Italien kam an die Küste Laviniums, vom Schicksal zur Flucht gezwungen, der viel umhergeworfen wurde über Länder und Meere durch die Macht der Götter." Bei diesen Anfangsversen der *Aeneis* war allen Römern klar, um wen es ging. Auch wenn der Name des Helden in Vers 92 zum ersten Mal genannt wird, wusste jeder: Es ist die Geschichte des Äneas, der aus dem von den Griechen eroberten Troja floh, nach Italien kam und das Urrom gründete.

Doch der gebildete römische Leser wusste noch mehr: „Von Waffen und von dem Mann" will der Dichter „singen": Das ist das typische Thema von Heldengedichten (Epen), wie Homer (ca. 9. Jhd. v. Chr.) sie erstmals mit seiner *Ilias* und *Odyssee* verfasst hatte.
Auch die allgemein bekannten ersten Verse der *Odyssee* werden bei Vergil leicht abgewandelt zitiert: „Den Mann nenne mir, Muse, den vielgewandten, der viel hin und her geworfen wurde ..."

All das führte dazu, dass der zeitgenössische römische Leser, der die *Aeneis* zu lesen begann, schon nach den ersten Versen eine recht genaue Vorstellung davon hatte, was er erwarten konnte:

- Er hatte es mit einem Epos zu tun, d.h. einem Heldengedicht, das wie alle antiken Epen in Versen verfasst war (und zwar in Hexametern) und von den Kämpfen und Taten eines Helden berichtete.
- Er hatte es mit einem Epos zu tun, das sich wie alle antiken Epen an dem Vorbild Homers orientierte, dem ersten und größten aller antiken Epiker.
- Er hatte es mit einem Epos zu tun, in dem die in Rom allgemein bekannte und bereits mehrfach dargestellte Äneas-Sage erzählt wurde: von der Flucht des Äneas aus Troja, seinen Irrfahrten auf dem Meer, seiner Liebe zu Königin Dido in Karthago, seiner Ankunft in Italien und seinen Kämpfen dort bis zur Gründung einer Stadt, aus der sich Rom entwickeln sollte.

Was der zeitgenössische Leser noch nicht wissen konnte, war die genial zu nennende Grundidee der *Aeneis*: Unter Wahrung der althergebrachten, homerischen Gestaltungskonventionen schuf Vergil ein völlig neuartiges Epos: In die (scheinbar) vergangenen mythischen Geschichten spiegelte Vergil raffiniert Ereignisse und Gestalten seiner Gegenwart ein, sodass der Leser die überraschende Erfahrung der Gültigkeit und der Aktualität der alten Sagenstoffe erfuhr.

Sie werden in dieser Ausgabe die zentralen Passagen der *Aeneis* lesen und auch Einblicke in den historischen Kontext des Werks und die Ideologie des augusteischen Zeitalters gewinnen, wie sie sich besonders in der Architektur und bildenden Kunst niederschlug.

Zur Benutzung dieser Ausgabe

Um Ihnen den Zugang zur Lektüre zu erleichtern, sind den lateinischen Texten deutsche Hinführungen, vertiefende Sachinformationen (i) sowie Bildmaterial beigegeben. Die den Texten vorangestellten Aufgaben sollen zur Vorentlastung beitragen: Unter W wird das Vokabular vorbereitet, oft auch in Form von Wort- und Sachfeldanalysen, unter G werden grammatikalische „Stolpersteine" des jeweiligen Textes – im Text hervorgehoben – wiederholt, unter T werden Aufgaben zur Textvorerschließung angeboten.

Im Ad-lineam-Kommentar werden Vokabeln angegeben und Konstruktionshilfen geboten. Ein autorenspezifischer Lernwortschatz (LW) findet sich im Anhang.

Die Erschließungsfragen sowie die Sachinformationen sind den Kompetenzbereichen Text ◆, Sprache ◆ und Kultur ◆ zugeordnet. Zentrale antike Eigennamen sind im Eigennamenverzeichnis (EV) unter ihrer lateinischen Form zu finden.

Vergil – Leben und Werk

Früher Ruhm

Der Dichter Vergil (70–19 v. Chr.) hatte sich mit zwei Werken, den Hirtengedichten (*Bucolica*) und einem Lehrgedicht über die Landwirtschaft (*Georgica*), bereits den Ruf eines bedeutenden Dichters erworben, als er sich an die anspruchsvollste und umfangreichste literarische Gattung der Antike wagte: das Epos – ein in Hexametern verfasstes Langgedicht.

Das Hauptwerk

Vergils Epos *Aeneis* ist nach dem Trojaner Äneas benannt. Eigentlich eine Nebenfigur aus dem Mythenkreis um den Trojanischen Krieg, machte Vergil Äneas zur Hauptfigur seines Werks und verankerte ihn als legendären Gründervater Roms für immer im Bewusstsein der Römer. Vergils Freund und Gönner Mäcenas wollte eigentlich, dass der Dichter eine Art „Augusteis", ein Epos zur Verherrlichung der Taten des Kaisers, verfasste. Vergil indes fand einen anderen, genialen Weg: Seine Erzählung bleibt in der mythischen Vergangenheit, schafft aber durch Zukunftsvorhersagen Durchsichten auf die augusteische Gegenwart. Zudem lädt er Figuren des Mythos mit Zügen historischer Gestalten auf – so verweist etwa der *pius Aeneas* auf den Kaiser Augustus, der ebenfalls für sein Pflichtbewusstsein (*pietas*) bekannt war. Vielleicht spielen die Anfangsbuchstaben AVC des be-

Simon Vouet (1576–1622): Aeneas flieht mit seinem Vater und seinem Sohn aus Troja

rühmten Anfangsverses der Aeneis (*Arma virumque cano*) auf die Initialen des AVGVSTVS an: Diese leise und subtile Form der Würdigung wäre typisch für Vergil.

Künstlerische Leistung

Ein Epos zu Vergils Zeiten zu schreiben, war schon deshalb ein großes Wagnis, weil der damals vorherrschende Literaturgeschmack kleine Dichtungsgattungen bevorzugte und die Großformen Epos und Tragödie als unmodern und überholt ansah. Zudem trat Vergil durch den Plan, ein Epos zu schreiben, mit Vorbildern in Wettstreit, die als unübertreffbare Muster epischer Kunst galten – v. a. mit dem Griechen Homer, der in der *Ilias* die Kämpfe um Troja besungen und in der *Odyssee* die Irrfahrten des Odysseus von Troja in seine Heimat zurück geschildert hatte. Und es gab den römischen Dichter Ennius, der im 2. Jh. v. Chr. ein lange Zeit als römisches Nationalepos geltendes Werk über die Geschichte Roms geschrieben hatte. Vergil gelang es mit der *Aeneis*, Ennius als Nationalepiker abzulösen und künftig in einem Atemzug mit Homer genannt zu werden – dank der genialen Konzeption seines Werkes.

Genialität der Konzeption

Vergil nahm sich v. a. Homer zum Vorbild. Seine eigenständige Leistung war es, beide homerischen Epen auf originelle Weise in sein Werk einzubauen und für die eigene Erzählung fruchtbar zu machen: Die erste Hälfte der Aeneis (Bücher 1–6) schildert vergleichbar der *Odyssee* die Irrfahrten des Äneas nach der Eroberung seiner Heimatstadt Troja. Die zweite Hälfte (Bücher 7–12) zeigt die Äneaden in ihrer neuen Heimat Italien im Krieg mit den Ureinwohnern, um dort ein neues Troja zu gründen – ganz so, wie in Homers *Ilias* die Kriegsthematik im Mittelpunkt stand. Ein weiterer, über Ennius hinausgehender Geniestreich Vergils war es, ein episches Erzählgeflecht zu erschaffen, das auf raffinierte Weise mythische und historische Ereignisse und Gestalten zueinander in Beziehung setzte.

Besonderheiten der Dichtersprache

Wie es in der Dichtung üblich ist, finden sich bei Vergil folgende sprachliche Besonderheiten:

- verkürzter Gen. Pl.: z. B. *virūm* statt *virōrum*, *magnanimūm heroum* statt *magnanimōrum heroum*
- Endung *-īs* für *-ēs* beim Akk. Pl.: z. B. *ingentīs* statt *ingentēs*, *avīs* statt *avēs*
- *-ēre* statt *-ērunt* in der 3. Pers. Pl. Ind. Perf. Akt.: z. B. *venēre* statt *venērunt*, *egēre* statt *egērunt*
- Ausfall von *-ve-* beim v-Perfekt: z. B. *complērint* statt *complēverint*
- *-re* statt *-ris* bei der 2. Pers. Sg. Präs. Konj. Pass.: z. B. *laetēre* statt *laetēris*, *eripiāre* statt *eripiāris*
- häufiger Gebrauch vom Plural statt des Singulars (poetischer Plural): z. B. *litora* statt *litus*, *thalami* statt *thalamus*

Das Proömium stellt Äneas als den vom Schicksal (*fatum*) Auserwählten vor, dessen Aufgabe es ist, die Tradition des zerstörten Troja zu bewahren und in eine von ihm zu gründende Stadt zu überführen: Alba Longa, die Vorläuferstadt Roms (T 1). Die Handlung des Epos setzt in einem dramatischen Moment ein: Juno, die Feindin des Äneas, hat einen Seesturm erregt, um Äneas an seiner Mission zu hindern, doch Jupiter beruhigt den Sturm. Er besänftigt auch seine besorgte Tochter Venus, die Mutter des Äneas, indem er ihr die große Zukunft ihres Sohnes prophezeit (T 2–3).

Von dem Sturm werden die Trojaner an die Küste Karthagos verschlagen, wo sie die karthagische Königin Dido aufnimmt (Buch 1). Bei einem Gastmahl erzählt Äneas von der Zerstörung Trojas und von seinen bisherigen Irrfahrten (Buch 2 und 3). Durch eine Intrige Junos verliebt sich Dido in Äneas. Beide finden zueinander und verbringen ein kurzes Glück. Doch der Götterbote Merkur befiehlt Äneas, Dido zu verlassen und den Auftrag des Fatums zu erfüllen. In einem sehr emotionalen Streitgespräch mit Dido rechtfertigt Äneas seinen Entschluss (T 4). Er segelt los, weiter in Richtung Italien. Dido begeht Selbstmord (Buch 4).

Auf dem Weg nach Italien macht Äneas Station auf Sizilien; er feiert Leichenspiele für seinen vor genau einem Jahr verstorbenen Vater Anchises und lässt alle Frauen und alten Männer dort zurück. Im Traum gebietet ihm sein Vater, in die Unterwelt hinabzusteigen, um ihn dort zu besuchen und seine Zukunft zu erfahren (Buch 5).

Endlich erreicht Äneas Italien. In der Bucht von Neapel steigt er mit der Sibylle von Cumae in die Unterwelt hinab (Buch 6), und trifft zunächst auf Dido (T 5), schließlich im Elysium auf seinen Vater Anchises. Dieser stellt ihm in der „Römerschau" große römische Helden der Zukunft vor (T 6) und kündet ihm vom geschichtlichen Auftrag des römischen Volkes (T 7).

Zu Beginn von Buch 7 erreicht Äneas die Gegend um Rom. Er schließt ein Bündnis mit König Latinus, der ihm Land und seine Tochter Lavinia zur Frau anbietet. Der bisherige Verlobte Lavinias, der Rutulerkönig Turnus, sinnt auf Rache. Juno hetzt mithilfe unterirdischer Gottheiten Turnus und andere lokale Fürsten zum Hass auf, sodass schnell ein Krieg entsteht (Buch 7).

Äneas nimmt Kontakt mit König Euander auf, der im Gebiet des späteren Roms wohnt (T 8). Euander bietet Äneas Verstärkung und vertraut ihm seinen Sohn Pallas an. Äneas erhält vom Schmiedegott Vulcanus auf Bitten seiner Mutter Venus neue Waffen, v.a. einen kunstvollen Schild (T 9), auf dem die Zukunft Roms abgebildet ist (Buch 8).

Die Kämpfe ziehen sich in die Länge, weil auf beiden Seiten zahlreiche Götter eingreifen. Auch menschliche Heldentaten und ihre schrecklichen Folgen auf beiden Seiten werden erzählt, u.a. die berühmte Szene der trojanischen Freunde Nisus und Euryalus (Buch 9; T 10). Besonders eindringlich schildert der Erzähler, wie Turnus den jungen Pallas und Äneas den jungen Lausus tötet (Buch 10; T 11 und 12).

Da der Krieg kein Ende nimmt, berufen die Latiner eine Versammlung ein, in der Ratsherr Drances dem Turnus große Vorwürfe macht (Buch 11; T 13). Daraufhin bietet Turnus dem Äneas einen Einzel- und Stellvertreterkampf an, um den Krieg zu beenden. Äneas nimmt an, besiegt Turnus und will dem Verwundeten schon das Leben schenken. Da fällt sein Blick auf das Wehrgehenk des Pallas, das Turnus für sich als Trophäe genommen hatte: Eingedenk seiner Verpflichtung für Pallas tötet er Turnus (Buch 12; T 14).

T1 Proömium

Dies sind die vielzitierten Anfangsverse von Vergils *Aeneis* (*Aen.* 1,1-11).

W Übersetzen Sie folgende Wendungen.
terra marique iactari - multa bello pati - urbem condere - tot labores adire

G Ellipse
Ubi bene, ibi patria (est).
Weisen Sie zwei Beispiele für Ellipsen im Text nach.

Arma virumque cano, Troiae qui primus ab oris
Italiam, fato profugus, Laviniaque venit
litora, multum ille et terris iactatus et alto
vi superum saevae memorem Iunonis ob iram,
multa quoque et bello passus, dum conderet urbem,
inferretque deos Latio, genus unde Latinum
Albanique patres atque altae moenia Romae.
Musa, mihi causas memora, quo numine laeso,
quidve dolens regina deum tot volvere casus
insignem pietate virum, tot adire labores
impulerit. Tantaene animis caelestibus irae?

arma virumque ..., quī: die Waffentaten und den Helden ..., der - **profugus:** Flüchtling - **Lāvīnius** (Adj.): EV - **ille** ~ Aenēās: EV - *K.* et terrīs ... et altō: terrā marīque - **Iūnō:** EV
quoque et: dazu noch - **urbem** ~ Lāvīnium: EV - **Latium, Latīnus:** EV unde (est) - **Albānī ... patrēs:** die Stammväter aus Alba (Longa) (EV)
altus: *hier* erhaben
K. ... memora, quod nūmen laesum sit, quidve (oder worüber) regina deum dolens ... virum ... impulerit tot casūs volvere, tot laborēs adīre

1. Erstellen Sie eine grafische Analyse des der Verse 1-7 (→ QR-Code 01).

53076-01

2. Erklären Sie ausgehend von **M1** die Tatsache, dass Troja zu Beginn und Rom am Ende dieses Satzes genannt wird.
3. Weisen Sie nach, dass sich die zweigeteilte Werkstruktur der *Aeneis* bereits im Proömium spiegelt.
4. Nennen Sie die Ursache für die Leiden des Äneas. Beziehen Sie auch die Information aus **i2** mit ein.
5. Äneas wird schon zu Beginn des Epos als *vir pietate insignis* eingeführt. Arbeiten Sie anhand von **M2** und der Abbildung heraus, auf welche Aspekte seiner *pietas* in den Anfangsversen verwiesen wird.
6. Überprüfen Sie ausgehend von **i1** die Merkmale eines Proömiums in den Versen 1-11.

i 1 Proömium

Das Proömium ist in der Antike die einleitende Passage zu einem dichterischen Werk. In ihm wird dem Leser das Thema des Werks genannt und eine knappe Inhaltsangabe geboten. Häufig werden Götter oder Musen mit der Bitte um Inspiration für das Gelingen des Werkes angerufen (*invocatio Musarum*).

M1 Die Linie Lavinium - Alba Longa - Rom

Wenn es im Proömium heißt, Äneas sei an die Küste Laviniums gekommen, ist das eigentlich ein Anachronismus, d. h. ein zeitlicher Widerspruch: Erst nach den Kämpfen gegen die Ureinwohner Italiens wird er mit der Königstochter Lavinia die Stadt Lavinium gründen und ein Mischvolk aus Trojanern und Italikern entstehen (*genus Latinum*). Sein Sohn Askanius wird dann über Alba Longa (*Albani patres*) herrschen, bevor Jahrhunderte später Romulus Rom gründen wird. Diesen Gang der Geschichte deutet Vergil bereits im Proömium an.

M2 *Pius Aeneas*

Die *pietas* des Äneas ist in erster Linie mit seiner Mission verbunden, besteht in seinem sozialen Handeln, dessen Ziel es ist, eine neue Stadt zu gründen und damit den Göttern, wie aufgetragen und wie verheißen und eine neue Heimstätte zu schaffen. Um dieser Aufgabe gerecht werden zu können, verzichtet er nicht nur auf jene private Selbstverwirklichung, die in der Verbindung mit der geliebten Dido bestehen könnte, sondern letztlich sogar auf das, was ihm das Liebste überhaupt ist: Troja. [...] Aber diese Qualität und Identität, ein Trojaner zu sein, wird Äneas in Latium letzten Endes aufgeben müssen, damit ein neues Volk entstehen kann: Rom. Unter all den Opfern, die dem Äneas durch sein Verantwortungsbewusstsein abverlangt werden, ist dies vielleicht das größte.

(Werner Suerbaum: Vergils Aeneis, Stuttgart 1999, S. 209)

i 2 Typisch Epos I: Der Götterapparat

Seit Homer ist für das Epos eine doppelte Handlungsebene charakteristisch: Nicht nur Menschen, auch Götter agieren und greifen ins Geschehen ein. Bei Vergil wird das gleich im Proömium deutlich: Juno, die vom Trojanerprinzen Paris beim Schönheitswettbewerb gegenüber Venus zurückgesetzt worden war, hasst seitdem alles Trojanische und sorgt dafür, dass Äneas und seine Gefährten auf dem Meer umhergetrieben werden. Juno ergreift Partei gegen die Trojaner, während Venus, die göttliche Mutter des Äneas, und Apollo auf der Seite der Äneaden stehen. Jupiter weiß dagegen als Sachwalter der *fata* (Schicksalsfügungen) um deren Unabänderlichkeit und kennt die vorherbestimmte Rolle der Trojaner als künftige Herren der Welt.

Lionello Spada (1576–1622): Pius Aeneas rettet seinen Vater, seinen Sohn und die Hausgötter (Penaten) aus dem brennenden Troja, Louvre, Paris

T2 _ Jupiterprophetie I

Wegen all der Strapazen ihres Sohnes stellt Äneas' Mutter Venus im Götterhimmel ihren Vater Jupiter zur Rede. Der höchste Gott versucht sie mit einem Blick in die erfolgreiche Zukunft des Äneas und der Trojaner zu beruhigen (*Aen.* 1,257-277).

W Übersetzen Sie: *Librum volvens haec animo volvo: „Sidera volvuntur per caelum. In terris homines urbes condunt. Moenia muniunt, quia bellum ingens contra hostes gerunt."*

G **Futur I und II**
Bestimmen Sie: *cernis, cernes, movebam, movebo, muniat, muniet, dabit, dabat.*
Übersetzen Sie: *Puer felix erit, si flumen transierit.*

T Wiederholen Sie die Gründungssage Roms.

2 „Parce metu, Cytherea: manent immota tuorum
fata tibi; cernes urbem et promissa Lavini
moenia, sublimemque feres ad sidera caeli
magnanimum Aenean; neque me sententia vertit.
Hic tibi (fabor enim, quando haec te cura remordet,
longius et volvens fatorum arcana movebo)
bellum ingens geret Italia, populosque feroces
contundet, moresque viris et moenia ponet,
tertia dum Latio regnantem viderit aestas,
ternaque transierint Rutulis hiberna subactis.
At puer Ascanius, cui nunc cognomen Iulo
additur, Ilus erat, dum res stetit Ilia regno,
triginta magnos volvendis mensibus orbis
imperio explebit, regnumque ab sede Lavini
transferet, et Longam multa vi muniet Albam.
Hic iam ter centum totos regnabitur annos
gente sub Hectorea, donec regina sacerdos,
Marte gravis, geminam partu dabit Ilia prolem.
Inde lupae fulvo nutricis tegmine laetus
Romulus excipiet gentem, et Mavortia condet
moenia, Romanosque suo de nomine dicet."

parce metū: hab keine Angst
Cytherēa = Venus
immōtus: unveränderlich
Lāvīnī = Lāvīniī
Aenēān: *Akk.* – **vertere:** umstimmen
quandō *hier* da ja – **remordēre:** immer wieder plagen
arcāna movēre: Geheimnisse offenbaren
contundere: zerschmettern
dum: bis – *erg.* (Aenēān) rēgnantem
ternī, ae, a Pl.: drei – **hīberna, ōrum** n Pl.: Winter(lager) – **Iūlō** ~ Iūlus
Īlus ~ Iūlus – **rēs ... Īlia** *hier* das trojanische Reich – **rēgnō stāre:** in (voller) Macht stehen
magnōs ... orbīs: lange Jahreszyklen im Dahinrollen der Monate
Lāvīnī = Lāvīniī – **hīc:** dort – **iam:** dann – **ter centum:** 300 – **gēns Hectorea:** das Volk Hektors, d. h. die Trojaner – **rēgīna** *hier* Königstochter
gravis, e *hier* schwanger – **partū dare:** zur Welt bringen – **Īlia, ae:** Ilierin, d. h. Rhea Silvia (EV) – **lupa:** Wölfin – **fulvus:** bräunlich – **nūtrīx, trīcis** f: Amme – **tēgmen, inis** n: Decke, Fell – **laetus** (+ Abl.) *hier* froh über – **excipere** *hier* übernehmen und weiterführen – **Māvortius:** *Adj. zu* Mārs – **dē:** nach

53076-02

1. Paraphrasieren Sie die von Jupiter dargestellten Phasen des Geschichtsablaufs (→ QR-Code 02).
2. Begründen Sie an Einzelheiten aus dem Text und mithilfe von **M3** (→ S. 13), dass es sich bei der Rede Jupiters um eine Prophetie handelt.
3. Benennen Sie das in Vers 8 zugrundeliegende Stilmittel *moresque viris* et *moenia ponet* und erklären Sie seine Funktion an dieser Stelle.
4. Jupiter kündigt Venus die Apotheose (= Vergöttlichung) des Äneas an. Recherchieren Sie zum Prozedere der Vergöttlichung im antiken Rom und präsentieren Sie dem Kurs Ihre Ergebnisse.
5. Beschreiben Sie anhand des Textes, wie der mittelalterliche Illustrator die Szene darstellt (→ Abb.).

Typisch Epos II: Reden

In der Aeneis machen die Reden von Menschen bzw. Göttern rund ein Drittel des Werkes aus; insgesamt finden sich 333 Reden von knapp hundert Personen. Vergil hat – wie viele Mitglieder der gebildeten Schicht – Rhetorik studiert. Seine große Meisterschaft indes besteht darin, die Technik der Rhetorenschule in natürlich wirkenden Redepassagen aufgehen zu lassen, die die jeweiligen Gefühle bzw. den Charakter der sprechenden Figur plastisch hervortreten lassen. Ihre Lebensnähe lässt den Leser völlig vergessen, dass es sich um ausgedachte, künstliche Reden handelt.

Grüninger (1502): Venus vor Jupiter, Straßburger Vergilausgabe

T3 Jupiterprophetie II

Jupiter sagt Venus voraus, dass die mit Äneas beginnende Geschichte Roms in Augustus ihren Gipfelpunkt erfahren wird (*Aen.* 1,286–296).

W Erschließen Sie die Bedeutung der lateinischen Wörter aus dem Englischen:
origo, inis (origin) – *horridus, a, um* (horrible) – *securus, a, um* (secure)

T Stellen Sie Vermutungen zur Funktion der Großschreibung in lateinischen Texten an: *Fides, Virtus, Iustitia* (→ i)

3 „Nascetur pulchra Troianus origine Caesar,
imperium Oceano, famam qui terminet astris,
Iulius, a magno demissum nomen Iulo.
Hunc tu olim caelo, spoliis Orientis onustum,
accipies secura; vocabitur hic quoque votis.
Aspera tum positis mitescent saecula bellis;
cana Fides et Vesta, Remo cum fratre Quirinus
iura dabunt; dirae ferro et compagibus artis
claudentur Belli portae; Furor impius intus,
saeva sedens super arma, et centum vinctus aenis
post tergum nodis, fremet horridus ore cruento."

K. Caesar, (quī) imperium Oceanō, fāmam terminet astrīs – **termināre:** begrenzen
nōmen dēmittere: *hier* einen Namen ableiten – **Iūlus** ~ Ascanius: EV – **ōlim:** (der-)einst
mītēscere: milder werden

cānus: grau – **Vesta, Remus:** EV
Quirīnus ~ Rōmulus: EV
dīrus: schrecklich – **ferrō et compāgibus artīs:** mit festen eisernen Riegeln
vīnctus: gefesselt – **aēnus:** aus Erz
nōdus: Fesseln – **fremere:** toben

◇ **1.** Erklären Sie die Wendung *pulchra Troianus origine Caesar* (→ **M1**).

◇ **2.** Betrachten Sie in diesem Zusammenhang die Prima Porta-Statue (→ S. 21) und erläutern Sie die Bildelemente Delphin und Amor.

◇ **3.** Paraphrasieren Sie die Weissagungen über Augustus (→ QR-Code 02, S. 11).

◇ **4.** Arbeiten Sie ausgehend von **M2** die Wesensmerkmale des Goldenen Zeitalters in den Versen 6–11 und dabei die Rolle der verwendeten Allegorien (**i**) heraus.

◇ **5.** Analysieren Sie die Verse 1–3 metrisch und tragen Sie laut vor (→ QR-Code 03).

◇◇ **6.** Diskutieren Sie, ob das CD-Cover eine gelungene Umsetzung des *Furor* (V. 9–11) ist.

53076-03

i Typisch Epos III: Die Allegorie

Unter einer Allegorie (gr. „anders sagen") versteht man die konkrete Versinnbildlichung eines an sich abstrakten Begriffs. Bekannt ist die Allegorie der *Iustitia*, wo die Gerechtigkeit als Frau mit Augenbinde, Schwert und Waage personifiziert wird. Vergil gebraucht in seinem Epos Allegorien, um nicht sichtbare Phänomene wie das Gerücht oder seelische Zustände plastisch hervortreten zu lassen.

M1 Augustus und die *gens Iulia*

Wenn in der Jupiterprophetie von Cäsar die Rede ist, ist nicht Julius Cäsar, sondern sein Adoptivsohn Augustus gemeint, der mit dem Ehrentitel Cäsar zugleich die göttliche und trojanische Abstammung der *gens Iulia* übernahm. Denn Cäsar und sein Geschlecht der Julier glaubten, dass sie von dem Trojaner Äneas und dessen Mutter, der Göttin Venus, abstammten. Auf diese trojanische Herkunft des Geschlechternamens spielt Vergil an, wenn er den Namen von Äneas' Sohn, Julus, mit dem alten Namen für Troja, Ilion, in Zusammenhang bringt.

M2 *Aurea aetas* – die Konstruktion eines Goldenen Zeitalters

Seit Hesiod kannte man in der Antike die mythische Vorstellung von den Weltzeitaltern. Auf das Goldene Zeitalter unter dem Gott Saturn, in dem Friede und Gerechtigkeit unter den Menschen herrschten, folgten die schlechteren Zeitalter des Silbernen, Bronzenen und Eisernen. Nach der Beendigung der bitteren Bürgerkriege förderte Octavian den Glauben der Römer, mit seiner Person werde ein neues Goldenes Zeitalter in Frieden anbrechen. Dichter wie Vergil und Horaz griffen die Idee eines Neuanfangs durch die Rückkehr einer *aurea aetas* in ihren Werken vielfach auf.

M3 Die drei „Durchblicke" der *Aeneis*

Die Genialität von Vergils Epos besteht in der organischen Verzahnung von mythischer Vorzeit und historischer Gegenwart. Vergil schafft das durch den Kunstgriff der „Durchblicke", d. h. Vorverweise auf die künftige römische Geschichte. Dazu gehören die Jupiterprophetie, die Heldenschau (S. 18f.) und die Schildbeschreibung (S. 24f.).

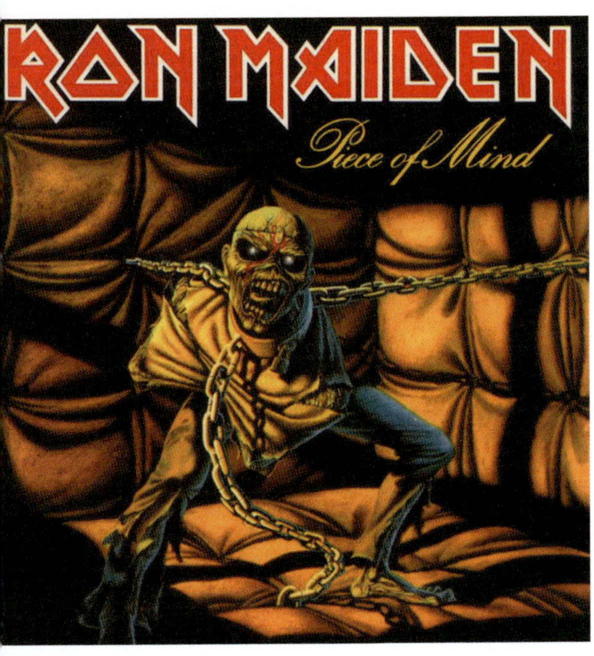

CD-Cover, Iron Maiden, Piece of Mind

T4 _ Äneas und Dido I

Durch einen Seesturm verschlägt es die Trojaner an die afrikanische Küste, wo sie von der karthagischen Königin Dido aufgenommen werden. An langen Abenden erzählt Äneas Dido von der Eroberung Trojas (Buch 2) und seinen Irrfahrten (Buch 3). Buch 4 handelt von der Liebe zwischen Dido und Äneas, die ein jähes Ende findet, als Merkur Äneas an seinen Auftrag erinnert, ein neues Troja in Italien zu gründen. Äneas will heimlich abreisen. Dido stellt ihn zur Rede (*Aen.* 4, 362–396).

W Klären Sie vorab folgende „kleine" Wörter: *nam, num, nusquam, nunc, scilicet, at, tamen*

T Erschließen Sie mithilfe eines Wörterbuchs und dem Kontext die Bedeutung von *multa* in V. 29 und 34.

4 Talia dicentem iam dudum aversa tuetur
huc illuc volvens oculos totumque pererrat
luminibus tacitis et sic accensa profatur:
„Nec tibi diva parens generis nec Dardanus auctor,
perfide, sed duris genuit te cautibus horrens
Caucasus Hyrcanaeque admorunt ubera tigres.
Nam quid dissimulo aut quae me ad maiora reservo?
Num fletu ingemuit nostro? Num lumina flexit?
Num lacrimas victus dedit aut miseratus amantem est?
Quae quibus anteferam? Iam iam nec maxima Iuno
nec Saturnius haec oculis pater aspicit aequis.
Nusquam tuta fides. Eiectum litore, egentem
excepi et regni demens in parte locavi.
Amissam classem, socios a morte reduxi
(heu furiis incensa feror!): nunc augur Apollo,
nunc Lyciae sortes, nunc et Iove missus ab ipso
interpres divum fert horrida iussa per auras.
Scilicet is superis labor est, ea cura quietos
sollicitat. Neque te teneo neque dicta refello:
i, sequere Italiam ventis, pete regna per undas.
Spero equidem mediis, si quid pia numina possunt,
supplicia hausurum scopulis et nomine Dido
saepe vocaturum. Sequar atris ignibus absens
et, cum frigida mors animā seduxerit artūs,
omnibus umbra locis adero. Dabis, improbe, poenas.
Audiam et haec Manis veniet mihi fama sub imos."
His medium dictis sermonem abrumpit et auras
aegra fugit seque ex oculis avertit et aufert,
linquens multa metu cunctantem et multa parantem
dicere. Suscipiunt famulae conlapsaque membra
marmoreo referunt thalamo stratisque reponunt.

K. (Dīdō) (Aenēam) tālia dīcentem ... tuētur – **dūdum** (Adv.): längst
lūmina tacita: verstohlene Blicke
profārī: plötzlich losreden – *K.* nec tibi dīva parēns (Venus) ... nec Dardanus auctor (Anchīsēs) (est)
cautēs, ium f Pl.: Felszacken
horrēns, ēntis: starrend von
Caucasus: Gebirge zwischen Schwarzem und Kaspischem Meer
Hyrcānus: vom Kaspischem Meer stammend – **admōrunt:** admō(vē)runt (tibi) – **über, eris** n: Zitze
ingemīscere: aufseufzen – **quae quibus anteferam?:** Welche Kränkungen soll ich den anderen vorziehen?
K. (ego Aenēam) ēiectum (in) lītore egentem excēpī et in parte regnī locāvī – **egēns, entis:** bedürftig
furiae, ārum Pl.: Wahnsinn – **ferrī:** fortgerissen werden – **Lyciae sortēs:** das lykische Losorakel – **interprēs dīvūm:** Bote der Götter (Merkur)
quiētus: ruhig
refellere: widerlegen
K. spērō (tē) mediīs ... scopulīs supplīcia hausūrum ... et vocātūrum (esse) – **pia nūmina** ~ deī iūstī
supplīcia haurīre: den Tod erleiden
frīgidus: kühl – **sēdūcere** (+ Abl.): trennen von – **artus, ūs** m: Körperglied – **umbra** (*präd.*) – **sub īmōs Mānīs:** bis tief hinab ins Totenreich
medium sermōnem abrumpere: mittendrin das Gespräch abbrechen
sē ex oculīs āvertere: sich den Blicken entziehen
K. (Dīdō) (re)linquēns (Aenēam) ... cūnctantem ... et parantem multa dīcere – **famula:** Dienerin
cōnlabī: zusammenbrechen
thalamus: Schlafzimmer – **strāta, ōrum** n Pl.: Decken

At pius Aeneas, quamquam lenire dolentem
solando cupit et dictis avertere curas,
multa gemens magnoque animum labefactus amore
iussa tamen divum exsequitur classemque revisit.

lēnīre sōlandō: durch Trost besänftigen
magnōque animum labefactus amōre: erschüttert von großer Liebe
dīvūm = deōrum – **exsequī:** ausführen – **revīsere:** wieder aufsuchen

1. Erschließen Sie aus den geschilderten körpersprachlichen Regungen die Gedanken und Gefühle Didos (V. 1–3).
2. Paraphrasieren Sie den Gedankengang von Didos Rede (→ QR-Code 02, S. 11).
3. Erklären Sie die Funktion ausgewählter Stilmittel aus Didos Rede (→ Stilmittel, S. 47 f.).
4. Arbeiten Sie anhand der Verse 21 und 32 die Unterschiede zwischen Dido und Äneas in ihrem Verständnis von *pietas* heraus.
5. Erstellen Sie eine grafische Analyse der Verse 32–35 (→ QR-Code 01, S. 8).
6. Interpretieren Sie die Figuren und die Aussage des Gemäldes (→ QR-Code 04). Überprüfen Sie durch einen Vergleich mit dem Text, ob es sich um eine gelungene bildliche Umsetzung handelt.

53076-04

Maler unbekannt (19.Jhd.): Abschied des Äneas von Dido, Privatbesitz

T5 _ Äneas in der Unterwelt: Äneas und Dido II

Als Äneas von Karthago abreist, begeht Dido Selbstmord. Vorher verflucht sie Äneas und prophezeit seiner Nachkommenschaft einen Rächer vom Boden Karthagos aus – der römische Leser erkannte unschwer die Anspielung auf den karthagischen Feldherrn Hannibal, der zu einem der größten Gegenspieler Roms werden sollte (→ M). Auf Sizilien angekommen, lässt Äneas festliche Wettkampfspiele zum Todestag seines Vaters Anchises ausrichten (Buch 5), bevor er mit der Seherin Sibylle von Cumae in die Unterwelt hinabsteigt (Buch 6). Dort erblickt er unter den Schatten Verstorbener auch Dido, die er sofort anspricht (*Aen.* 6,456–476).

W Erschließen Sie analog zu *Lucifer* die Bedeutung des Adjektivs *umbrifer.*

Konatives Imperfekt
Bsp.: *Aeneas Didonem solabatur.* Äneas versuchte Dido zu trösten.
Übersetzen *Sie: Aeneas clam Didonem relinquebat. Cito Italiam nave petebat.*

5 „Infelix Dido, verus mihi nuntius ergo
venerat exstinctam ferroque extrema secutam?
Funeris heu tibi causa fui? Per sidera iuro,
per superos et si qua fides tellure sub ima est,
invitus, regina, tuo de litore cessi.
Sed me iussa deum, quae nunc has ire per umbras,
per loca senta situ cogunt noctemque profundam,
imperiis egere suis; nec credere quivi
hunc tantum tibi me discessu ferre dolorem.
Siste gradum teque aspectu ne subtrahe nostro.
Quem fugis? Extremum fato quod te adloquor hoc est."
Talibus Aeneas ardentem et torva tuentem
lenibat dictis animum lacrimasque ciebat.
Illa solo fixos oculos aversa tenebat
nec magis incepto vultum sermone movetur
quam si dura silex aut stet Marpesia cautes.
Tandem corripuit sese atque inimica refugit
in nemus umbriferum, coniunx ubi pristinus illi
respondet curis aequatque Sychaeus amorem.
Nec minus Aeneas casu percussus iniquo
prosequitur lacrimis longe et miseratur euntem.

K. vērus nūntius mihi vēnerat (tē) exstīnctam (esse) et ferrō extrēma secūtam (esse)? – **extrēma sequī:** sterben – *K.* heu, (ego) tibi causa fūneris fuī? – **per:** bei (Schwurformel) **sub īmā tellūre:** tief unter der Erde **rēgīna:** Königin *K.* sed mē iussa deūm (= deōrum), quae (mē) ... per hās umbrās, per loca ... īre cōgunt, imperiīs suīs ēgēre (= ēgērunt) – **iussum:** LW4 – **sentus situ:** verwildert – *K.* nec crēdere quīvī mē tibi hunc tantum dolōrem discessū (meō) ferre – **sistere gradum** = cōnsistere – **aspectū** (Dat.): Anblick – **extrēmum:** das letzte Mal **quod:** faktisch – *K.* Aenēās tālibus dictīs (Dīdōnem) ārdentem (īrā) et torva tuentem lēnībat – **torva** (Adv.): finster – **lēnībat / ciēbat:** konatives Imperfekt – **ciēre:** hervorlocken *K.* illa āversa oculōs solō fixōs tenēbat – **vultum** *Acc. Graecus* in Bezug auf ihre Miene – **silex, icis** f: Kieselstein – **Marpēsia cautēs:** Marmor – **respondēre cūrīs:** Sorgen teilen – **aequāre:** erwidern **Sychaeus:** verstorbener Ehemann Didos – **prōsequī lacrimīs:** unter Tränen nachblicken – **miserārī:** *hier* bemitleiden

1. Arbeiten Sie Charakter und Intention von Äneas' Rede (V. 1–11) heraus.
2. Erklären Sie, welchen Sinnunterschied die Auffassung der Imperfekte in Vers 13 ausmacht.
3. Interpretieren Sie die Reaktion Didos auf die Worte des Äneas (V. 14–19).
4. Nehmen Sie in Gruppen Stellung zu der These, dass Vergil im 4. Aeneisbuch eine „Dido-Tragödie" verfasst habe.
5. Vergleichen Sie den Kupferstich mit Vergils Text und erläutern Sie mit diesem Wissen Bilddetails (→ QR-Code 04, S. 15).

M Rom und Karthago

Die nordafrikanische Stadt Karthago war lange Zeit Gegenspielerin Roms um die Vorherrschaft im Mittelmeerraum. In den Punischen Kriegen – 1. Punischer Krieg (264–241 v. Chr.), 2. Punischer Krieg (218–201 v. Chr.) mit Hannibals Alpenüberquerung, 3. Punischer Krieg (149–146 v. Chr.) mit der Zerstörung Karthagos – behielt Rom letztlich die Oberhand.

Typisch Epos IV: Stereotype Beiwörter

Wichtige Figuren des Epos treten mit immer wiederkehrenden Attributen auf. Bei Homer ist vom „listenreichen Odysseus" oder der „rosenfingrigen Eos" die Rede, in Vergils Epos vom *pius Aeneas* oder der *infelix Dido*. Auch wenn die Charakterisierung durch ein solches schmückendes Beiwort (*epitheton ornans*) nicht immer auf die jeweils erzählte Situation zutrifft, erinnert es doch an ein bestimmendes Wesensmerkmal der damit bezeichneten Person.

Wenceslaus Hollar (1607–1677): Äneas und Dido in der Unterwelt, Thomas Fisher Rare Book Library, Universität Toronto

T6 _ Äneas in der Unterwelt: Heldenschau

Nach dem traurigen Wiedersehen mit Dido begegnet Äneas dem Schatten seines verstorbenen Vaters Anchises, der ihm in der sog. „Heldenschau" die an beiden vorüberziehenden herausragenden Männer der römischen Zukunft vorstellt (→ Abb.). Nach dem künftigen Stadtgründer Romulus deutet Anchises auf einen weiteren bedeutenden Mann (*Aen.* 6, 788-805).

T Recherchieren Sie in einem Wörterbuch folgende Eigennamen: *Nilus, Alcides, Erymanthus, Lerna, Liber* und *Nysa.*

G **licet mit Konjunktiv**
Bsp.: *Licet te accusaveris, tamen te absolvo.* Magst du dich auch anklagen, ich spreche dich dennoch frei. Übersetzen Sie:
Licet ille peccaverit, tamen vir bonus est.

6 „Huc geminas nunc flecte acies, hanc aspice gentem
Romanosque tuos. Hic Caesar et omnis Iuli
progenies magnum caeli ventura sub axem.
Hic vir, hic est, tibi quem promitti saepius audis,
Augustus Caesar, divi genus, aurea condet
saecula qui rursus Latio regnata per arva
Saturno quondam; super et Garamantas et Indos
proferet imperium; iacet extra sidera tellus
extra anni solisque vias, ubi caelifer Atlas
axem umero torquet stellis ardentibus aptum.
Huius in adventum iam nunc et Caspia regna
responsis horrent divum et Maeotia tellus,
et septemgemini turbant trepida ostia Nili.
Nec vero Alcides tantum telluris obivit
(fixerit aeripedem cervam licet, aut Erymanthi
pacarit nemora et Lernam tremefecerit arcu)
nec qui pampineis victor iuga flectit habenis
Liber, agens celso Nysae de vertice tigris.

geminus: LW2 - **aciēs** ~ oculōs
Iūlus: ~ Ascanius: EV - **prōgeniēs:** Nachkommen - **sub** (+ Akk.): *hier* hinauf ... zu
saepius: häufig - *K.* quī rūrsus aurea saecula condet Latiō per arva quondam Sāturnō rēgnāta - **rēgnāre:** beherrschen - **super:** über ... hinaus
Garamantēs, um m Pl. (Akk. Pl.: -ās): die Garamanten in Afrika - **Indī, ōrum** m Pl.: die Inder - **extrā sīdera:** jenseits der Sterne - **caelifer, fera, ferum:** himmelstragend - **Atlas:** EV
aptus: *hier* besetzt mit - **Caspius:** am Kaspischen Meer - **respōnsa, ōrum** n Pl.: *hier* Prophezeiungen
horrēre: erzittern - **Maeōtius:** am Mäotis-See - **septemgeminus:** siebenarmig - **turbāre:** in Unruhe sein
obīre (Perf.: obīvī): bereisen
fīgere (Perf.: fīxī): *hier* erlegen
aeripēs, -pedis: mit Füßen aus Erz - **licet** (+ Konj.): mag er auch
pācārit ~ pācāverit - **nemus:** LW5
tremefacere (Perf.: tremefēcī): erzittern lassen
K. nec (Līber), quī ... flectit - **pampineus** (Adj.): aus Weinlaub - **iuga flectere habēnīs:** ein Gespann mit Zügeln lenken - **vertex, icis** m: *hier* Gipfel

◆ **1.** Interpretieren Sie den Text nach dem Muster von S. 40 f.

◆◆ **2.** Untersuchen Sie die Berührungspunkte der Weissagung des Anchises mit der Jupiterprophetie (T 2 und T 3, S. 10 ff. → **i1**) und erläutern Sie, warum es sich hier um ein *vaticinium ex eventu* handelt (→ **i2**).

◆◆ **3.** Arbeiten Sie heraus, in welche Linie von Personen Augustus gestellt wird. Vergleichen Sie Ihre Befunde mit dem Brief des Horaz (→ **M**).

4. Erschließen Sie in Partnerarbeit Aussage und Intention beider Texte.
5. Analysieren Sie die Verse 4–10 metrisch und tragen Sie diese laut vor (→QR-Code 03, S. 12).
6. Beschreiben Sie das Bild in allen Details (→ QR-Code 04, S. 15).

M Horaz an Kaiser Augustus (*Epist.* 2,1,1–12)

Da du als Einziger so viele und so bedeutende Aufgaben ausfüllst, ganz Italien mit Waffengewalt schützt, mit Sitten ausstattest, mit Gesetzen verbesserst, würde ich mich an den Interessen des Staates versündigen, wenn ich deine kostbare Zeit durch langes Geplauder in Anspruch nähme, Kaiser. Romulus und Vater Dionysos im Verbund mit Castor und Pollux sind nach ihren gewaltigen Taten in die Tempel der Götter aufgenommen worden, und obwohl sie für die Länder und das Menschengeschlecht sorgen, rohe Kriege schlichten, Ackerland zuweisen und Landstädte gründen, beklagen sie doch, dass ihren Verdiensten nicht die erhoffte Sympathie zuteil wird. Derjenige, der die schreckliche Hydra zerschmettert und weitere bekannte Ungeheuer in schicksalsmächtiger Anstrengung bezwungen hat, hat erfahren, dass Missgunst zu guter Letzt gebändigt wird. (Übersetzung: Michael Lobe)

i 1 Typisch Epos V: Vorverweise auf Künftiges

Nach Vergils Vorstellung sind alle Ereignisse vom *fatum*, dem vorherbestimmten Schicksal, für immer festgelegt. Deshalb deuten sie sich auch schon vorher an: durch Vorzeichen, Orakel, Träume oder Prophezeiungen, die durch Götter oder Seher erfolgen.

i 2 *Vaticinium ex eventu*

Bei *vaticinium ex eventu* handelt es sich um eine Vorhersage aus dem Wissen um das Geschehene heraus, also um eine Prophezeiung, die erst im Nachhinein verfasst wurde, als der Schreiber vom Ausgang der Ereignisse wusste.

Pietro Bardellino (1728–1810):
Äneas in den Elysischen Gefilden. Äneas wird vom Schatten seines Vaters Anchises und von der Cumäischen Sibylle durch die Unterwelt geführt, Privatsammlung

T7 Äneas in der Unterwelt: Roms Auftrag

Anchises fährt mit seiner Vorhersage fort (*Aen.* 6,847-853).

W Übersetzen Sie folgende Wendungen treffend:
paci morem imponere - *parcere subiectis* (*hominibus*)
debellare superbos (*hostes*)

7 „Excudent alii spirantia mollius aera
(credo equidem), vivos ducent de marmore vultus,
orabunt causas melius, caelique meatus
describent radio et surgentia sidera dicent:
Tu regere imperio populos, Romane, memento
(hae tibi erunt artes), pacique imponere morem,
parcere subiectis et debellare superbos."

excūdere: formen - **aes, aeris** n: *hier* Bronzestatue - *K.* mollius (quam Rōmānī) - **dūcere dē:** *hier* herausarbeiten aus - **dēscrībere:** aufzeichnen - **radius:** *hier* Zeigestab
mementō (+ Inf.): denke daran
mōs: *hier* geordnete Lebensweise

1. Beschreiben Sie im Einzelnen die in den Versen 1-4 aufgezählten Kunstfertigkeiten und erschließen Sie, wer mit den *alii* v. a. gemeint ist.
2. Definieren Sie das spezifisch römische Befähigungsprofil und erläutern Sie die Funktion der Apostrophe (i1) im Kontext.
3. Nehmen Sie zu dem in diesen Versen offenbar werdenden Anspruch eines Volkes kritisch Stellung.
4. Analysieren Sie die Verse 5-7 metrisch und tragen Sie laut vor (→ QR-Code 03, S. 12)
5. a) Recherchieren Sie zu den römischen Kunstprinzipien der *imitatio* und *aemulatio*.
   b) Weisen Sie beide Prinzipien anhand von i2 und den Abbildungen nach.

Römische Kopie nach griechischem Original des Polyklet (um 440 v. Chr.): Doryphoros, Museo Archeologico Nazionale, Neapel

i 1 Typisch Epos VI: Die Apostrophe

Bisweilen redet der epische Dichter eine Person der Epenhandlung oder den Hörer bzw. Leser seines Epos an, wie dies Anchises in V. 5 tut. Diesen erzählerischen Kniff, der entweder der Reflexion oder der Verlebendigung des Geschehens dient, nennt man Apostrophe, was das Abwenden von einer Sache hin zu einer anderen bezeichnet.

2 Die Statue von Prima Porta

Diese berühmte überlebensgroße Statue (2,04 m) wurde 1863 auf dem Villenareal der Kaisergattin Livia bei Prima Porta vor den Toren Roms ausgegraben. Dabei handelt es sich um die Marmorkopie eines Bronzeoriginals. Gestaltungsvorbild war das um 440 v. Chr. entstandene klassische Standbild des Doryphoros (Speerträger) von der Hand des griechischen Bildhauers Polyklet, wie die gleichen Proportionen und die Darstellungskonvention von Stand- und Spielbein offenbaren. Diese Statue verkörperte Jugend, Schönheit und Sieghaftigkeit – allesamt Attribute, die auf die Augustusstatue ausstrahlen sollten, die den Kaiser als Triumphator mit herrscherlicher Armgeste darstellt. Der Delphin an seinem rechten Unterschenkel verweist auf den Seesieg in Actium; zugleich ist er aber auch Symbol für die Abkunft des Augustus von Venus, der meerentsprossenen Ahnfrau der gens Iulia, für die stellvertretend der auf dem Meerestier reitende Erosknabe dargestellt ist. Der für Cäsar typische Hüftmantel weist seinen Träger als dessen Sohn, als *Divi filius* aus. Das Gesicht des Kaisers ist – typisch für augusteische Porträtkunst – durch Alterslosigkeit und das Zurücktreten individueller zugunsten repräsentativer Züge gekennzeichnet.

Monumentalstatue des Augustus, sog. „Augustus von Primaporta", Farbrekonstruktion

Detail vom Brustpanzer des Augustus: In der Mitte überreicht ein besiegter ausländischer Feldherr einem römischen General die Feldzeichen. Die Szene wird umrahmt von einem Himmelsgott (oben) und der Erdgöttin (unten) sowie zwei trauernden Frauengestalten (links und rechts), die für besiegte Völker stehen. Unter den Frauengestalten sind Apoll (links) und seine Schwester Diana (rechts) zu sehen, die nach der augusteischen Propaganda Augustus in entscheidenden Schlachten unterstützt haben.

T8 _ Äneas im „Urrom“ Pallanteum

Äneas zu Besuch in Pallanteum, dem Urrom (Verg., *Aen.* 8,359-369)

Nach dem Unterweltsabenteuer beginnt mit dem siebten Buch die zweite Hälfte der Aeneis. Äneas landet in Latium. Dort herrscht König Latinus, dessen Frau Amata die gemeinsame Tochter Lavinia an den jungen Rutulerfürsten Turnus verheiraten will. Über ein Orakel hatte Latinus jedoch die Weisung erhalten, Lavinia an einen Mann aus der Fremde zu verheiraten, und bietet Äneas deshalb die Hand seiner Tochter an. Daraufhin ruft Juno die Rachegöttin Allecto zu Hilfe, um Turnus zum Krieg gegen die trojanischen Neuankömmlinge aufzuhetzen - das gelingt. Zu Beginn des achten Buches fährt Äneas mit dem Schiff über die Tibermündung nach Pallanteum, Herrschaftssitz von König Euander und dessen Sohn Pallas. Euander nimmt Äneas freundlich auf und führt ihn durch seine Stadt. Der Leser zu Vergils Zeit erkennt in Pallanteum den Palatin wieder, auf dem sich nicht nur die Hütte des Romulus, sondern auch das Haus des Kaisers Augustus befand - d.h. Euander führt Äneas durch das Gebiet der künftigen Stadt Rom. Aus Anlass eines Opfers am Altar des Herkules erzählt er, wie der Held einst an diesem Ort das feuerspeiende Ungeheuer Cacus besiegt habe, bevor er Äneas zu seinem bescheidenen Königshaus geleitet.

Claude Lorrain (1600-1682): Ankunft des Äneas in Pallanteum

T Recherchieren Sie die Lage des *forum Romanum*, des Palatin und der *Carinae* auf einem Stadtplan des antiken Rom.

8 Talibus inter se dictis ad tecta subibant
pauperis Euandri, passimque armenta videbant
Romanoque foro et lautis mugire Carinis.
Ut ventum ad sedes, „haec“ inquit, „limina victor
Alcides subiit, haec illum regia cepit.
Aude, hospes, contemnere opes et te quoque dignum
finge deo, rebusque veni non asper egenis.“
Dixit, et angusti subter fastigia tecti
ingentem Aenean duxit stratisque locavit
effultum foliis et pelle Libystidis ursae.
Nox ruit et fuscis tellurem amplectitur alis.

K. talibus (verbis) inter se dictis
subīre: *hier* hinaufgehen - **passim**: hier und da - **armentum**: (Rinder-) Herde - **lautus**: prächtig - **mūgīre**: muhen - **Carīnae, ārum** f Pl.: Stadtteil von Rom - **ut**: sobald - **ventum** <est> ~ vēnērunt
Alcīdēs: d. h. Herkules (EV)
subīre (Perf.: subiī): überschreiten
capere: *hier* empfangen
audēre: *hier* es über sich bringen
finge ~ fac
rēs: *hier* Verhältnisse - **asper** (+ Dat.): *hier* abweisend (gegenüber)
egēnus: ärmlich - **subter** (+ Akk.): unter ... hinein - **fāstīgium**: Dach
locāre: Platz nehmen lassen
effultus: liegend auf - **Libystis, idis**: libysch - **ruere**: *hier* hereinbrechen
fuscus: dunkel - **amplectī**: umfangen - **āla**: Flügel

◆◆ 1. Erläutern Sie auf Grundlage der Verse 2f. die Bezeichnung von Pallenteum als „Hirtenrom“.

◆ 2. Erschließen Sie aus den Versen 4-7, inwiefern Euander Herkules als Rollenmodell für Äneas einführt.

◆◇ 3. Erklären Sie die Aussageabsicht dieses Abschnitts, indem Sie den augusteischen Wert der *modestia* miteinbeziehen.

◇ 4. Die *Aeneis* wird häufig als „mytho-historisches Epos“ bezeichnet. Weisen Sie diese These anhand von **M1** und **M2** nach.

Relief auf einem Siegelring (um 42 v. Chr.): Hercules mit den Zügen des Marcus Antonius

M1 Äneas und Herkules

Vergil stattet an mehreren Stellen des Epos Äneas mit gewissen Zügen des Herkules aus, er typisiert; andererseits versieht er Augustus mit Zügen des Herkules und Äneas. Äneas gleicht also Herkules in bestimmten Merkmalen, Augustus gleicht beiden. Äneas soll verstanden werden als Held, der wie Herkules ist, Augustus als historisches Gegenüber, das wie Herkules und Äneas ist; die Aufgabe des Äneas ist herkulisch wie die Aufgabe des Augustus. Mehr noch: Herkules und Äneas stellen Typen, Urbilder, Vorläufer des Augustus dar. Man kann umgekehrt sagen: Augustus ist ein neuer Herkules, ist ein neuer Äneas. Er ist nicht Herkules oder Äneas, aber er ist wie sie, ist ihr historisches Abbild. Diese typologische Deutung hat keine allegorische Gleichsetzung zum Thema. (...) Wir dürfen zum Beispiel im Kampf des Äneas gegen Turnus ebenso wie im Kampf des Herkules gegen Cacus Prototypen des Entscheidungskampfes von Actium sehen. (...)

(Gerhard Binder & Karl Galinsky: Aeneas und Augustus, Meisenheim 1971, S. 3)

M2 Augustus und Herkules

Antonius, der Gegner Octavians, leitete sein Geschlecht von Herkules ab und stilisierte sich u.a. auf Münzprägungen als herkulesgleicher Kämpfer (vgl. Abb.). Nach der Schlacht von Actium machte sich der Sieger Octavian diese Angleichung seines Gegners an den gottgleichen Helden zu eigen, indem er die eigene triumphale Rückkehr nach Italien auf den 12. August 29 v. Chr. legte, den Tag, an dem in Rom traditionell das Herkulesfest an der *Ara maxima* gefeiert wurde. Die Zeitgenossen verstanden diese symbolischen Bezüge genau – ein Beispiel dafür ist die Darstellung Vergils im achten Buch.

T9 _ Äneas und der Schild der Venus

Nach dem Besuch Euanders trifft Äneas auf seine Mutter Venus, die ihm Waffen überreicht, die Vulcanus geschmiedet hat – u.a. einen Schild, auf dem Szenen und Persönlichkeiten der künftigen Geschichte Roms dargestellt sind. Auf der Schildmitte wird die Seeschlacht von Actium beschrieben (*Aen.* 8, 675–700).

T Erläutern Sie die Funktion der Konjunktive in den Versen 2 und 17.

G Erstellen Sie eine grafische Analyse der Verse 4–8.

9 In medio classis aeratas, Actia bella,
cernere erat, totumque instructo Marte videres
fervere Leucaten auroque effulgere fluctus.
Hinc Augustus agens Italos in proelia Caesar
cum patribus populoque, penatibus et magnis dis,
stans celsa in puppi, geminas cui tempora flammas
laeta vomunt patriumque aperitur vertice sidus.
Parte alia ventis et dis Agrippa secundis
arduus agmen agens, cui, belli insigne superbum,
tempora navali fulgent rostrata corona.
Hinc ope barbarica variisque Antonius armis,
victor ab Aurorae populis et litore rubro,
Aegyptum virisque Orientis et ultima secum
Bactra vehit, sequiturque (nefas) Aegyptia coniunx.
Una omnes ruere ac totum spumare reductis
convulsum remis rostrisque tridentibus aequor.
Alta petunt; pelago credas innare revulsas
Cycladas aut montis concurrere montibus altos,
tanta mole viri turritis puppibus instant.
Stuppea flamma manu telisque volatile ferrum
spargitur, arva nova Neptunia caede rubescunt.
Regina in mediis patrio vocat agmina sistro,

aerātus: mit Erz beschlagen – **Actia:** bei Actium – **cernere erat:** es war zu sehen – **Mārs:** *hier* Kriegsschiffe **fervere:** *hier* wimmeln von **Leucātēs, ae** m (Akk.: Leucātēn): Meer bei der westgriech. Insel Leukás – **effulgēre:** schimmern **Italī, ōrum; Penātēs, ium:** EV *K.* stāns (Augustus Caesar) – **cui** ~ cuius – **geminus:** LW2 – **celsus:** LW6 – **laetus:** *hier* glückverheißend **vomere:** *hier* ausstrahlen **patrium sīdus:** das sīdus Iūlium **aperītur:** zeigt sich – **arduus:** hochaufragend – **superbus:** *hier* prächtig **rōstrāta corōna nāvālis** f: mit Schiffsschnäbeln verzierte Krone **ops:** *hier* Heer – *K.* Antōnius ... vehit **ab:** *hier* über – **Aurōra:** Osten – **lītus rubrum:** das Rote Meer **Bactra, ōrum** n Pl.: Stadt in Persien **vehere:** *hier* führen – **Aegyptia coniūnx** ~ Cleopatra: EV – **ūnā:** zugleich – **ruere** ~ ruunt – **spūmāre** ~ spūmat **reductīs ... rēmīs:** von den Ruderschlägen – **convulsus:** aufgewühlt **rōstrīs tridentibus** (Abl.): von den dreizackigen Schiffsschnäbeln – **alta** n Pl.: das offene Meer **pelagus:** Meer **innāre** (+ Dat.): auf etwas schwimmen – **revulsus:** weggerissen **Cycladās** f (Akk. Pl.): Inselgruppe im Ägäischen Meer – **concurrere:** zusammenstoßen – **turrītus** (Adj.): mit Turmaufsatz – **stuppea flamma:** Brandfackel – **volātile ferrum:** Wurfgeschoss aus Eisen – **arva Neptūnia** n Pl.: Neptuns Felder, d. h. das Meer **rēgīna** ~ Cleopatra: EV – **sīstrum:** Klapper für Gottesdienste der Göttin Isis

Denar (ca. 27 v. Chr.): Agrippa mit der *corona navalis*, einer Auszeichnung für einen Sieger zur See

necdum etiam geminos a tergo respicit anguis.
Omnigenumque deum monstra et latrator Anubis
contra Neptunum et Venerem contraque Minervam
tela tenent.

respicere: erblicken
anguis, is m: Schlange – **omnigenūm deūm:** von Göttern jeder Sorte
mōnstrum: Ungeheuer – **lātrātor, ōris** m: Kläffer – **Anūbis** m: EV

53076-05

Denar (ca. 17/15 v. Chr.)
mit dem *sidus Iulium*

Das *sidus Iulium*

Das „julische Gestirn" war ein Komet, der im Jahre 44 v. Chr. am Himmel erschien, als Octavian zu Ehren seines wenige Monate zuvor ermordeten Adoptivvaters Cäsar und der Göttin Venus Spiele aufführen ließ. Das Volk meinte, im Kometen die vergöttlichte Seele Cäsars zu erblicken. Octavian ließ daraufhin eine goldene Nachbildung dieses Kometen auf dem Giebelfeld des Cäsartempels anbringen. Durch zusätzliche Münzprägungen mit dem *sidus Iulium* wollte Octavian den Eindruck erwecken, mit seiner Person sei ein neuer Stern zum Wohl der Welt aufgegangen.

1. Untersuchen Sie am Text Vergils Zeichnung des Augustus und Agrippa gegenüber der des Antonius und seiner Truppen.
2. Arbeiten Sie aus den Informationen, unter dem QR-Code 05 (oben), die unterschiedlichen Lebensstile und -prinzipien des Octavian und Antonius heraus.
3. Diskutieren Sie auf Grundlage von S. 40 f., ob Vergil als Propagandist augusteischer Herrschaft bezeichnet werden kann.
4. Nehmen Sie in Gruppen zu Vergils Beschreibung der Götter des Ostens Stellung.
5. Erläutern Sie die Zusammenhänge zwischen dem goldenen Ehrenschild für Augustus und Vergils Schildbeschreibung in der Aeneis (Text 9). Beziehen Sie den QR-Code 06 mit ein.

53076-06

Berühmt ist der Ausspruch des Augustus, er habe eine Stadt aus Ziegeln vorgefunden, aber eine aus Marmor hinterlassen. Die unter seiner Herrschaft geschaffenen monumentalen Bauwerke repräsentierten zum einen Macht und Wohlstand der Weltstadt Rom und erhoben diese in den Rang der antiken Metropolen Athen und Alexandria; zum anderen diente das ehrgeizige Bauprogramm der Darstellung grundlegender Ideen augusteischer Herrschaft: Die Erneuerung des Concordiatempels verkörperte die wiederhergestellte Eintracht des römischen Volkes; die Restaurierung des Saturntempels stand sinnbildlich für die augusteische Wiedergeburt des Goldenen Zeitalters. Die Umwidmung des ehemals republikanischen Forum Romanum durch Bauten der Kaiserfamilie diente dazu, den dynastischen Herrschaftsanspruch der *gens Iulia* zu dokumentieren. Darüber hinaus ließen Zweckbauten wie die Thermen des Agrippa, die Wasserleitung der *Aqua Virgo* oder das Theater des Marcellus das einfache Volk ganz konkret an den Segnungen des augusteischen Zeitalters teilhaben. Im Folgenden werden drei prominente augusteische Baukomplexe Roms vorgestellt.

Das Augustusforum

Vergils geniale Idee, die künftigen großen Männer Roms in der Unterwelt auf ihrem langen Marsch in die römische Geschichte hinein darzustellen, könnte das Gestaltungsvorbild für das Augustusforum gewesen sein: In den seitlichen Säulenhallen standen Statuen der *summi viri*, große Politiker und Feldherrn, aber auch Ahnen der Kaiserfamilie, die den Besuchern als *exempla virtutis* dienen sollten. In zwei großen Rundnischen standen sich mit Äneas und Romulus die mythischen Gründerväter Roms gegenüber - in diese Linie stellte sich Augustus: Als Triumphator auf einem Viergespann abgebildet und mit dem Titel *Pater patriae* versehen, nahm er das Zentrum des Platzes ein. Nach dem Sieg über die Cäsarmörder bei Philippi 42 v. Chr., den Octavian als Racheakt für die Ermordung seines Onkels Cäsar ansah, hatte er versprochen, dem „rächenden Mars" (*Mars Ultor*) in Rom einen Tempel zu errichten. 40 Jahre später, im Jahre 2 v. Chr., löste er dieses Gelübde mit der Einweihung des Mars Ultor-Tempels auf dem neuerbauten Forum Augustum ein. Betrat man über die Stufen den mächtigen Tempel, sah man auf dem Fußboden bunte Marmorplatten aus der ganzen Welt - Symbol für die weitreichende Herrschaft des Kaisers. In der Apsis konnte man die dreiteilige Kultbildgruppe betrachten: Venus als Ahnherrin der *gens Iulia*, den vergöttlichten Julius Cäsar und den Kriegsgott Mars, Vater des Romulus.

Mars Ultor-Tempel auf dem Augustusforum

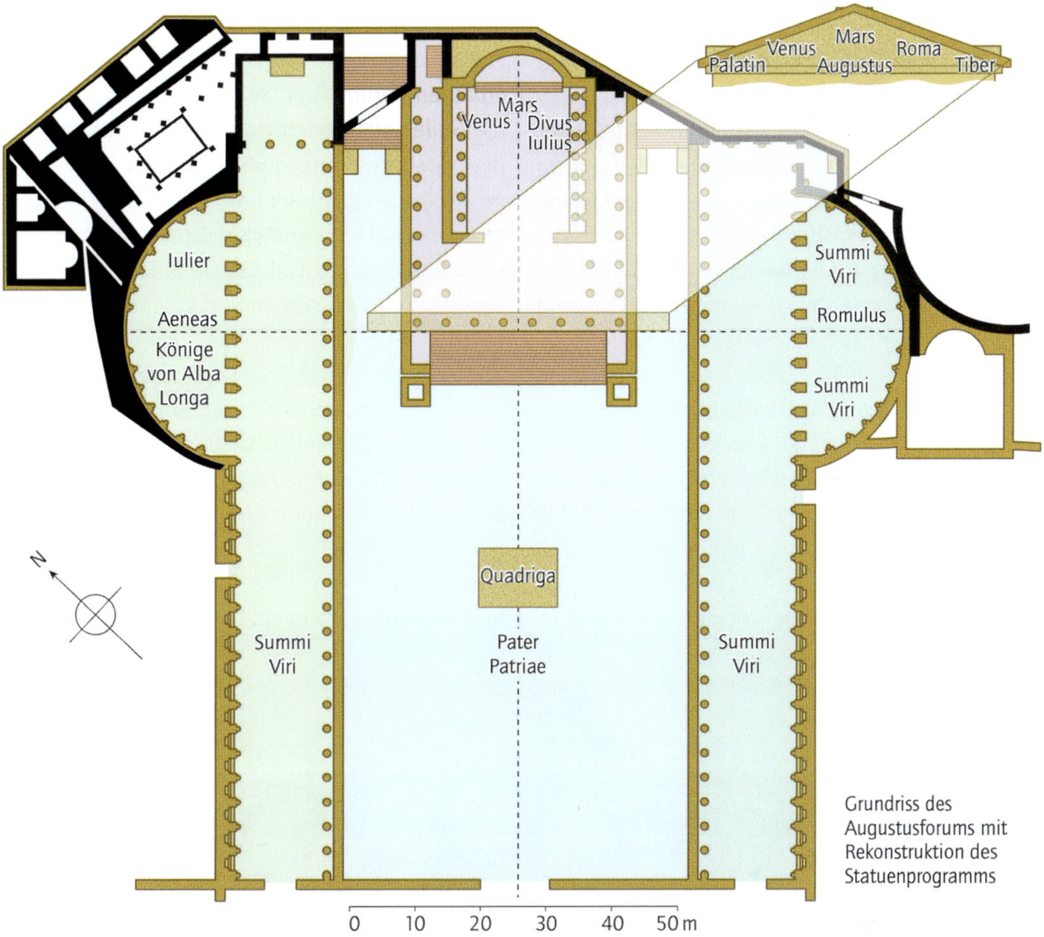

Venus Mars Roma
Palatin Augustus Tiber

Mars
Venus Divus Iulius

Iulier
Aeneas
Könige von Alba Longa

Summi Viri
Romulus
Summi Viri

N

Quadriga
Pater Patriae

Summi Viri
Summi Viri

0 10 20 30 40 50 m

Grundriss des Augustusforums mit Rekonstruktion des Statuenprogramms

Rekonstruktion der *Exedra* mit der Äneasgruppe

Steinschneidekunst: Die *Gemma Augustea*

Bei der berühmten *Gemma Augustea* handelt es sich um ein 19 x 23 cm großes Cameo (Edelsteinschnittrelief), das in zwei Bildhälften unterteilt ist. Im Zentrum der oberen Bildhälfte sitzen Augustus und seine als Stadtgöttin Roma porträtierte Gattin Livia auf einer Bank. Der Kaiser hält in der Linken ein Zepter, in der Rechten den Krummstab der Auguren (*lituus*). Der zu seinen Füßen sitzende Adler verdeutlicht seine jupitergleiche Stellung. Livia/Roma erscheint mit Lanze, Helm und Schwert, zu ihren Füßen liegen die Waffen besiegter Völker. Zwischen Livia/Roma und Augustus ist im Rund der sog. „Ziegenfisch" (*capricornus*) zu sehen, das Geburtszeichen des Kaisers. Zur Rechten des Kaisers steht die Personifikation der bewohnten Welt (*Oikumene*), die über Augustus den Ehrenkranz aus Eichenlaub für die Rettung der Bürger (*corona civica*) hält.

Neben ihr steht Neptun, der die Herrschaft des Kaisers auch über die Weltmeere symbolisiert. Zu seinen Füßen kauert entweder Italia mit dem Füllhorn oder Agrippina, die Frau von Augustus' Großneffen Germanicus, der links neben Livia/Roma im Feldherrnmantel dasteht. Zu seiner Linken vom Betrachter aus kehrt Livias Sohn und Thronnachfolger Tiberius auf dem Wagen von einem erfolgreichen Feldzug gegen die Illyrer und Pannonier (6-9 n. Chr.) zurück. Sein Erfolg wird symbolisiert durch die hinter ihm stehende Siegesgöttin Victoria. In der unteren Bildhälfte sieht man, wie römische Soldaten ein Triumphmal (*Tropaion*) mit den erbeuteten Ausrüstungsgegenständen ihrer Gegner errichten. Gefesselt sitzen oder knien im Bittgestus die unterworfenen Illyrer und Pannonier da; am rechten Bildrand wird eine Gefangene an den Haaren gezerrt.

Gemma Augustea (1. Jh. n. Chr.), Kunsthistorisches Museum, Wien

Reliefkunst: Das sog. *Tellus Mater*-Relief auf der *Ara Pacis*

Bekannt ist diese Bildtafel als *Tellus Mater*-Relief. Aber zugleich vereinigt diese Mutter Erde viele andere prominente Frauenpersönlichkeiten in sich: Venus als Ahnherrin der Julisch-Claudischen Dynastie, Ceres als Fruchtbarkeit bringende Göttin, Italia, die als Saturntochter Bezüge zum Goldenen Zeitalter aufweist, die Friedensgöttin Pax und die Kaisergattin Livia selbst, an deren Geburtstag (30.01.9 v. Chr.) die Einweihung der *Ara Pacis* erfolgte. Um die zentrale Frauenfigur sind zahlreiche Attribute für reiche Ernte, Fruchtbarkeit und Wachstum gruppiert, die auf die segenbringende Wirkung der römischen Friedensherrschaft (*Pax Augusta*) verweisen: die beiden kleinen Kinder, Rind und Schaf, Obst und Getreideähren auf dem Schoß sowie die im Hintergrund emporwachsenden Schilf- und Blumenranken. Die links auf dem Schwan sitzende Frauengestalt verkörpert die fruchtbaren Landwinde, die rechts auf einem Meeresungeheuer sitzende Frau die vom Meer kommenden Brisen. Die Urne und das Schilf links unten stehen stellvertretend für die fruchtbaren Flüsse Italiens.

T10 Freundesliebe im Krieg: Nisus und Euryalus

Während Äneas bei König Euander die Unterstützung der Arkader erbittet, greift Turnus das Lager der Trojaner an. Als diese sich auf keinen Kampf einlassen, zündet Turnus deren Schiffe an. Die Trojaner Nisus und Euryalus werden als Boten an Äneas losgeschickt. Auf ihrem Weg richten beide im Lager der Latiner nachts ein Blutbad an. Mit Beute beladen, werden sie von Reitern der Rutuler gestellt. Nachdem Nisus zwei von ihnen mit Speerwürfen getötet hat, geht der Latiner Volcens mit gezücktem Schwert auf Euryalus los - Nisus will den Angreifer weg vom Freund auf sich lenken ...
(Verg. *Aen.* 9, 427-449)

10 „Me, me, adsum qui feci, in me convertite ferrum,
o Rutuli! mea fraus omnis, nihil iste nec ausus
nec potuit; caelum hoc et conscia sidera testor;
tantum infelicem nimium dilexit amicum."
Talia dicta dabat, sed viribus ensis adactus
transadigit costas et candida pectora rumpit.
Volvitur Euryalus leto, pulchrosque per artus
it cruor inque umeros cervix conlapsa recumbit:
Purpureus veluti cum flos succisus aratro
languescit moriens, lassove papavera collo
demisere caput, pluvia cum forte gravantur.
At Nisus ruit in medios solumque per omnis
Volcentem petit, in solo Volcente moratur.
Quem circum glomerati hostes hinc comminus
atque hinc proturbant. instat non setius ac rotat ensem
fulmineum, donec Rutuli clamantis in ore
condidit adverso et moriens animam abstulit hosti.
Tum super exanimum sese proiecit amicum
confossus, placidaque ibi demum morte quievit.
Fortunati ambo! si quid mea carmina possunt,
nulla dies umquam memori vos eximet aevo,
dum domus Aeneae Capitoli immobile saxum
accolet imperiumque pater Romanus habebit.

„Ich, hier bin ich, der das getan hat, richtet die Waffen gegen mich, o Rutuler! Mein ist der ganze Überfall, nichts hat dieser gewagt oder vermocht. Ich rufe den Himmel und die Gestirne als Mitwisser zu Zeugen auf. Euryalus hat nur allzusehr seinen unseligen Freund geliebt!" Solches sprach er, aber das mit Wucht geführte Schwert durchdrang die Rippen und brach die schimmernde Brust auf. Euryalus wälzt sich im Todeskampf, und über die schönen Gliedmaßen fließt das Blut und zusammengesackt kommt der Nacken auf den Schultern zu liegen: wie wenn eine purpurne Blume unten vom Pflug zerschnitten im Dahinwelken erschlafft, oder Mohnblumen mit erschlafftem Hals ihren Blütenkelch sinken lassen, wenn sie vom Regen beschwert werden. Nisus jedoch stürzt mitten in die Feinde hinein und peilt über alle hinweg allein den Volcens an, beschäftigt sich allein mit Volcens. Diesen schirmen die ringsum geballten Feinde bald hier, bald dort im Nahkampf ab. Nisus bedrängt ihn nichtsdestoweniger und lässt sein Schwert blitzartig wirbeln, bis er es in den Mund des schreienden Rutulers stieß und, selbst im Sterben, dem Feind das Leben raubte. Dann warf er sich über den entseelten Freund, durchbohrt, und kam schließlich in einem Zustand des Seelenfriedens zur Ruhe des Todes. Ihr beiden Glücklichen! Wenn meine Gesänge irgendetwas vermögen, wird kein Tag euch jemals aus der Erinnerung tilgen, solange das Ahnhaus des Äneas den unverrückbaren Felsen des Kapitols bewohnt und der römische Vater die Herrschergewalt innehaben wird.
(Übersetzung: Michael Lobe)

Jean-Baptiste Roman (1792–1835): Nisus and Euryalus, Louvre

1. Arbeiten Sie die Struktur des Textes heraus, indem Sie für die Sinnabschnitte je eine geeignete Überschrift entwickeln.
2. a) Beschreiben Sie die Redestrategie des Nisus aus den Versen 1 bis 4.
   b) Diskutieren Sie, ob die Kapitelüberschrift auf Nisus und Euryalus zutrifft.
3. Erläutern Sie die Aussage der Verse 9–11 vor dem Hintergrund von **i**.
4. Nennen Sie das Stilmittel der Verse 20ff. und erklären Sie seine Funktion an dieser Stelle.
5. Vergleichen Sie die Nisus und Euryalus-Episode mit Schillers Ballade „Die Bürgschaft" (→ QR-Code 07)

53076-07

6. Beschreiben Sie die Skulptur auf Grundlage des Textes (→ QR-Code 04, S. 15).

i Typisch Epos VII: Gleichnisse

Unter einem Gleichnis versteht man den ausführlichen Vergleich eines Aspekts der epischen Handlung mit einem Phänomen aus einem anderen Gegestandsbereich. Gleichnisse werden meist durch ein Vergleichswort markiert (*velut, qualis*). Die Bildhälfte (,Wie-Stück') und die Sachhälfte (,So-Stück') müssen dabei nicht in allen Einzelheiten übereinstimmen, decken sich aber im entscheidenden Vergleichspunkt (*tertium comparationis*). Seit Homer gehören Gleichnisse zu den typischen Merkmalen des antiken Epos. Bei Vergil haben sie jedoch eine besonders wichtige Funktion: Sie veranschaulichen nicht nur das Geschehen, sondern erzeugen auch Stimmungen und Emotionen.

T11 Turnus tötet Pallas

Die Kämpfe um die Vorherrschaft über Italien haben begonnen. Die Latiner fassen die Trojaner und deren Anführer Äneas als fremde Eindringlinge auf, gegen die es die Heimat zu verteidigen gilt. Deren Anführer Turnus trifft in offener Feldschlacht auf Pallas, den jungen Sohn des Euander, der auf Seiten der Trojaner kämpft (*Aen.* 10,453–475 m. Ausl.; 490–506).

W Führen Sie folgende englische Wörter auf ihren lateinischen Ursprung zurück: *lion, camping, image, missile, armour, fame, brief, temporal, fate.*

G **Optativ • Bedeutung von *si***
Übersetzen Sie: *Pallas iuvenis: „(Utinam) adsis mihi, Hercules! Cernas me victorem." Tum temptat, si Turnum vincere possit.*

11 Desiluit Turnus biiugis, pedes apparat ire
comminus; utque leo, specula cum vidit ab alta
stare procul campis meditantem in proelia taurum,
advolat, haud alia est Turni venientis imago.
Hunc ubi contiguum missae fore credidit hastae,
ire prior Pallas, si qua fors adiuvet ausum
viribus imparibus, magnumque ita ad aethera fatur:
„Per patris hospitium et mensas, quas advena adisti,
te precor, Alcide, coeptis ingentibus adsis.
Cernat semineci sibi me rapere arma cruenta
victoremque ferant morientia lumina Turni."
Audiit Alcides iuvenem magnumque sub imo
corde premit gemitum lacrimasque effundit inanis.
Tum genitor natum dictis affatur amicis:
„Stat sua cuique dies, breve et inreparabile tempus
omnibus est vitae; sed famam extendere factis,
hoc virtutis opus. Troiae sub moenibus altis
tot gnati cecidere deum (...)
etiam sua Turnum
fata vocant metasque dati pervenit ad aevi."
Sic ait, atque oculos Rutulorum reicit arvis.
At Pallas magnis emittit viribus hastam
vaginaque cava fulgentem deripit ensem. (...)

Pallas' Speer streift Turnus lediglich, während dessen Lanze den Pallas tödlich trifft und niederstreckt.

Quem Turnus super adsistens:
„Arcades, haec", inquit, „memores mea dicta referte
Euandro: qualem meruit, Pallanta remitto.
Quisquis honos tumuli, quidquid solamen humandi est,
largior. Haud illi stabunt Aeneia parvo

dēsilīre (Perf.: **dēsiluī**): herabspringen – **biiugī, ōrum** m Pl.: Streitwagen
comminus (Adv.): zum Nahkampf
specula: Aussichtspunkt – **meditārī in** (+ Akk.): sich vorbereiten auf
haud alia: nicht anders – **contiguus** (+ Dat.): sich in Reichweite befindend von – **īre** ~ it – **ausus, ūs** m: Wagnis **impār, āris:** ungleich
aethēr, eris m (Akk.: aethĕra): Himmel – **per** (+ Akk.): bei – **mēnsa:** Tisch – **advena, ae** m: Reisender
adīsti ~ adiīsti **coeptum:** Unternehmen – **sēminex, necis:** halbtot
sibi: d. h. Turnus (EV) – **cruentus:** LW3 – *K.* (mē) victōrem **ferre:** *hier* ertragen **lūmina** *hier* Augen – **sub īmō corde:** tief in seinem Herzen
premere *hier* unterdrücken – **genitor:** Vater, d. h. Jupiter (EV) – **nātus:** Sohn, d. h. Herkules – **affārī:** ansprechen – **amīcus** (Adj.): freundlich
inreparābilis, e: unwiederbringlich
extendere: verlängern – **gnātī** ~ nātī – **meta:** Ende
aevum *hier* Lebensdauer – **rēicere, -iciō, -iēci, -iectum:** *hier* abwenden
vāgīna: Schwertscheide – **cavus:** gewölbt
K. (super) quem
adsistere: sich hinstellen
K. meruit (Euander) – **Pallanta:** *Akk.*
humāre: bestatten – **largīrī:** großzügig gewähren – **illī** ~ Euandrō
haud stāre ... parvō: teuer zu stehen kommen – **Aenēius:** Adj. zu Aenēās

hospitia." Et laevo pressit pede talia fatus
exanimem rapiens immania pondera baltei
impressumque nefas: una sub nocte iugali
caesa manus iuvenum foede thalamique cruenti,
quae Clonus Eurytides multo caelaverat auro;
quo nunc Turnus ovat spolio gaudetque potitus.
Nescia mens hominum fati sortisque futurae
et servare modum rebus sublata secundis!
Turno tempus erit magno cum optaverit emptum
intactum Pallanta, et cum spolia ista diemque
oderit. At socii multo gemitu lacrimisque
impositum scuto referunt Pallanta frequentes.

laevus: linker - **premere** (+ Akk.) *hier* treten (auf) - **exanimis, e:** leblos - **immānis, e:** ungeheuer groß **pondus, eris** n: Gewicht - **balteus:** Schwertgurt - **imprimere** (PPP: **impressum**): darstellen - **sub** (+ Abl.): in - **nox iugālis:** Hochzeitsnacht **caedere** *hier* ermorden - **foedē** (Adv.): grausig - **thalamus:** Schlafzimmer - **Clonus Eurytidēs:** Clonus, Sohn des Eurytus (ein Goldschmied) **caelāre:** reliefartig darstellen **spolium:** LW3 - *K.* quō ... spoliō - **ovāre:** jubeln *K.* nescia (est) mēns - **nescius:** unkundig, unfähig - *K.* (mēns) sublāta **ēmptus** ~ exēmptus: hinweggerafft **scūtum:** Schild

◆ **1.** Erklären Sie mithilfe von **i** „Gleichnisse" (→ T 10) die Verse 2-4.

◆ **2.** Erschließen Sie aus dem Text, weshalb Pallas zu Herkules betet.

◆ **3.** Arbeiten Sie typische Charakterzüge eines jungen Mannes aus den Worten des Pallas im Kontrast zur Reaktion des erfahrenen Helden Turnus heraus.

◆ **4.** Paraphrasieren Sie die Kernaussagen der Antwort Jupiters (→ QR-Code 02, S. 11).

◆◆ **5.** Beschreiben Sie, wie Turnus durch seine Äußerungen und seine Körpersprache nach dem Kampf charakterisiert wird.

◆◆ **6.** Erläutern Sie, wer der Sprecher der Verse 36-40 ist und welche Funktion diese haben.

◆◆ **7.** Diskutieren Sie mögliche Bezüge zwischen der Tat des Turnus und dem Danaidenmythos (→ **i2**).

i 1 Typisch Epos VIII: Schilderung von Zweikämpfen

Seit Homer ist es im Epos üblich, die Zweikämpfe von Helden zu schildern. Dabei beginnt das Duell meist mit wechselseitigen Beleidigungen, bevor die eigentliche Kampfhandlung stattfindet. Am Ende eines Kampfes steht oft die sog. „Spoliierung", d.h. die Beraubung des getöteten Gegners, dem Rüstung oder Waffen als Trophäen (*spolia*) weggenommen werden.

i 2 Der Schwertgurt des Pallas

Vergil skizziert in nur zwei Versen, was der (fiktive) Künstler Clonus auf dem Waffengürtel des Pallas eingraviert hat, nämlich die mythische Geschichte der blutigen Hochzeitsnacht, in der die frisch verheirateten 50 Töchter des Danaos ihre Ehemänner, die 50 Söhne des Ägyptos, umbrachten - bis auf eine, die ihren Ehemann schonte. Zur Strafe für diese Untat mussten die Danaiden in der Unterwelt Fässer füllen, die keinen Boden hatten.

T12 Äneas tötet Lausus

Äneas und sein Sohn Ascanius drängen nach dem Tod des Pallas auf Rache an Turnus, der aber durch göttliches Eingreifen der Juno aus dem Kampfgeschehen entrückt wird. An seiner Stelle tritt Äneas der Etruskerfürst Mezentius entgegen. Als Äneas ihn im Zweikampf tötet, fordert ihn Mezentius' Sohn Lausus zum Duell auf. Äneas versucht den kampfunerfahrenen Jüngling von dem Vorhaben abzubringen ... (Verg. *Aen.* 10, 811–831)

W Erschließen Sie die Bedeutung der Verben aus den Adjektiven in Klammern *laetari* (*laetus, a, um*) – *implere* (*plenus, a, um*)

G **Ablativ des Vergleichs – Vokativ – attributives Gerundiv**
Übersetzen Sie: *Equus maior cane est. Tu maiora viribus tuis audes. Quid est, amice? Quid est, amice laudande?*

12 „Quo, moriture, ruis maioraque viribus audes?
Fallit te incautum pietas tua." Nec minus ille
exsultat demens, saevae iamque altius irae
Dardanio surgunt ductori, extremaque Lauso
Parcae fila legunt. Validum namque exigit ensem
per medium Aeneas iuvenem totumque recondit;
transiit et parmam mucro, levia arma minacis,
et tunicam molli mater quam neverat auro,
implevitque sinum sanguis; tum vita per auras
concessit maesta ad manis corpusque reliquit.
At vero ut vultum vidit morientis et ora,
ora modis Anchisiades pallentia miris,
ingemuit miserans graviter dextramque tetendit,
et mentem patriae subiit pietatis imago.
„Quid tibi nunc, miserande puer, pro laudibus istis,
quid pius Aeneas tanta dabit indole dignum?
Arma, quibus laetatus, habe tua; teque parentum
manibus et cineri, si qua est ea cura, remitto.
Hoc tamen infelix miseram solabere mortem:
Aeneae magni dextra cadis." increpat ultro
cunctantis socios et terra sublevat ipsum.

moritūrus: todgeweiht
incautus: unbedacht – **exsultāre:** *hier* auf den Kampf drängen
dēmēns: LW4
Dardanius, a, um: trojanisch – **fīla legere:** (Schicksalsfäden) spinnen
K. Aeneas ensem validum per medium iuvenem exigit (stößt) totumque (ensem) recondit (lässt stecken) – **ēnsis:** LW 11
K. Mucro (die Schwertspitze) parmam (Lausi levia arma minacis) transiit et tunicam, quam mater molli auro neverat – **parma, ae** f: der Schild – **trānsīre** *hier* durchbohren – **nēre** (Perf.: nevi): nähen
K. tum vita maesta per aures ad manes concessit (verschwand) corpusque reliquit
K. At vero ut Anchisiades (i1) vultum et ora (miris modis pallentia) morientis (Lausi) vidit...
ingemēscere (Perf.: ingemui): aufstöhnen
K. Quid tibi, miserande puer, pius Aeneas pro laudibus istis, quid tantā indole dignum dabit?
K. (Tu) infelix tamen hōc (donō) miseram mortem solaberis
sublevāre: emporheben

1. Arbeiten Sie den Aufbau des Textes heraus, indem Sie den einzelnen Abschnitten passende Überschriften geben.
2. a) Erläutern Sie anhand der Verse 1f., weshalb die Erfüllung der *pietas* für Lausus unangemessen ist.
   b) Nehmen Sie unter Einbezug von i2 Stellung, ob man Äneas als *reluctant warrior* bezeichnen kann.
3. Erklären Sie Äneas' affektives Handeln in den Versen 2-6 und nehmen Sie Stellung dazu.
4. Interpretieren Sie die Verwendung des Patronymikons (i1) aus dem Kontext der Verse 11-14.
5. Vergleichen Sie die Worte und die Körpersprache des Äneas (V. 15-21) mit denen des Turnus gegenüber Pallas (T11, V. 25 bis 31).
6. Erklären Sie Details des Kupferstichs mit Hilfe des Textes (→ QR-Code 04, S. 15).

i 1 Patronymikon

Bei einem Patronymikon handelt es sich um die Benennung durch den Namen des Vaters. In Schweden wird u.a. der Vorname des Vaters als Grundlage für den Nachnamen genommen, z.B. Peterson - Sohn des Peter. In griechischer und lateinischer Dichtung findet sich ein vergleichbares Phänomen: So ist Anchisiades ‚der Sohn des Anchises' (Äneas) bzw. Amphitryoniades ‚der Sohn des Amphitryon' (Herkules).

i 2 Der Typus des *reluctant warrior*

Ein *reluctant warrior* (von lat. *reluctari* sich widersetzen) ist ein Soldat oder Befehlshaber, der sich aus eigener Erfahrung und Reflexion der brutalen Kriegswirklichkeit nur widerstrebend in Kämpfe bzw. Heldentaten hineinziehen lässt. Gleichwohl stellt er sich der Kampfsituationa, aber nur als *ultima ratio*, wenn alle Wege einer friedlichen oder diplomatischen Einigung erschöpft oder aussichtslos sind.

Wenzeslaus Hollar (1607-1677) : Äneas im Kampf mit Mezentius und Lausus

T13 Die Ratsversammlung der Latiner: Krieg oder Frieden?

Nach der Überführung und Bestattung von Pallas' Leichnam kommt es zu einem Waffenstillstand zwischen Trojanern und Latinern. Weil es in Italien keine weiteren Unterstützer für die Latiner gibt, beruft König Latinus eine Krisensitzung ein, um über Friedensverhandlungen zu beratschlagen. Ratsherr Drances spricht zunächst König Latinus an und hält dann eine v.a. gegen Turnus gerichtete Rede (Verg. *Aen.* 11, 343-351; 360-375):

13 „Rem nulli obscuram nostrae nec vocis egentem
consulis, o bone rex: cuncti se scire fatentur,
quid fortuna ferat populi, sed dicere mussant.
Det libertatem fandi flatusque remittat,
cuius ob auspicium infaustum moresque sinistros
(dicam equidem, licet arma mihi mortemque
minetur)
lumina tot cecidisse ducum totamque videmus
consedisse urbem luctu, dum Troia temptat
castra fugae fidens et caelum territat armis. (...)

Quid miseros totiens in aperta pericula civis
proicis, o Latio caput horum et causa malorum?
Nulla salus bello, pacem te poscimus omnes,
Turne, simul pacis solum inviolabile pignus.
Primus ego, invisum quem tu tibi fingis (et esse
nil moror), en supplex venio. miserere tuorum,
pone animos et pulsus abi. Sat funera fusi
vidimus ingentis et desolavimus agros.
Aut, si fama movet, si tantum pectore robur
concipis et si adeo dotalis regia cordi est,
aude atque adversum fidens fer pectus in hostem.
Scilicet ut Turno contingat regia coniunx,
nos animae viles, inhumata infletaque turba,
sternamur campis. Etiam tu, si qua tibi vis,
si patrii quid Martis habes, illum aspice contra
qui vocat."

„Du fragst nach einer Sache, die keinem unklar ist und meiner Stimme nicht bedarf, o guter König: Alle geben vor, zu wissen, was es mit dem Schicksal der Bevölkerung auf sich hat, aber wagen es nicht auszusprechen. Turnus soll Redefreiheit geben und sein Schnauben lassen! Wir sehen, dass wegen seines unseligen Beginnens und unheilvollen Charakters (ich spreche es freilich offen aus, mag er mir auch Waffen und Tod androhen) soviele Leuchten von Anführern gefallen sind und dass die ganze Stadt in Trauer darniederliegt, während er das troajnische Lager angreift, voll Vertrauens in die Flucht, und den Himmel mit Waffen erschreckt. (...)

Wozu wirfst du elende Mitbürger sooft in offene Gefahren, du Hauptquell und Urgrund der Übel für Latium? Kein Wohlergehen liegt im Krieg, dich, Frieden, verlangen wir alle, Turnus, zugleich des Friedens allein unverletzbare Bürgschaft. Sieh nur her, ich komme als erster demütig bittend daher, ich, den du dir als verhassten Feind vorstellst (und ich scheue nicht, es auch zu sein): Hab Mitleid mit deinen Landsleuten, lass ab von der Kriegslust und weiche geschlagen vom Felde! Schon genug Tote haben wir erlebt und weithin das Ackerland verwüstet. Oder, wenn dich Ruhmbegierde bewegt, wenn du so großen Mut in der Brust sammelst und dir die Königswürde als Mitgift so sehr am Herzen liegt, wage es und stelle dich selbstbewusst dem Feind entgegen! Natürlich: Damit dem Turnus eine königliche Gemahlin zufällt, sollen wir als wertlose Seelen, als bloße Masse, unbegraben und unbeweint, im Feld fallen! Wenn du irgendetwas an Kraft und väterlichem Kriegsstolz hast, miss dich im Blickduell mit dem, der dich zum Kampf fordert!"
(Übersetzung: Michael Lobe)

1. Belegen Sie am Text, dass Drances sich als Sprachrohr einer schweigenden Mehrheit versteht (V. 2 ff.).
2. Stellen Sie alle Negativcharakteristika bzw. Vorwürfe gegen Turnus aus den Versen 4–9 zusammen.
3. Erschließen Sie aus dem den Versen 10 und 21–23 den Hauptvorwurf gegen Turnus.
4. Arbeiten Sie aus den Versen 15–20 die zwei nach Drances möglichen Handlungsoptionen für Turnus heraus.
5. Nehmen Sie Stellung, ob Drances' Rede im Sinne der *two voices theory* (i) gedeutet werden kann.
6. Diskutieren Sie, ob Drances' pazifistischer Appell Gültigkeit für die Gegenwart besitzen kann.
7. Weisen Sie anhand der Zitate des Titelkupfers nach, wie das Titelblatt der Ausgabe von Cäsars Gallischem Krieg Kritik am Buchinhalt übt.

Titelkupfer einer Cäsar-Ausgabe (1669): De Bello Gallico, Frankfurt

(i) two voices theory

Seit den 1960er Jahren meint die Forschung in der *Aeneis* zwei „Stimmen" (*two voices*) ausmachen zu können. Zum einen eine „offizielle", die augusteische Ideologie verherrlichende Stimme, zum anderen Vergils subjektive Stimme.

Die offizielle Stimme der *Aeneis* (*public voice of triumph*) deutet die Zeit nach den Bürgerkriegen als ein Goldenes Zeitalter (*aurea aetas*), in der der Friede durch harte Opfer erkämpft und erlitten werden musste. Befürworter dieser Sicht verweisen auf die Prophezeiungen und „Durchblicke", die teleologisch in der Herrschaft des „Friedenskaisers" Augustus gipfeln.

Auf der anderen Seite scheint Vergil diese Propaganda immer wieder zu untergraben (*private voice of regret*), indem er sich für „Untertöne des Tragischen, Vergeblichen, Beschränkten, Gefährdeten, Unterliegenden und des Mit-Leidens" (Michael von Albrecht) öffnet. So stellt er die Frage, inwiefern eine vermeintlich hellere Zukunft durch eine brutale Gegenwart erkauft werden darf.

T14 Der finale Showdown: Äneas gegen Turnus

Nach der Ratsversammlung der Latiner flackern die Kämpfe wieder auf. Äneas und Turnus treffen vor der Stadt Lavinium aufeinander. Auf dem Olymp gibt Juno ihren Widerstand gegen den Sieg des Äneas und der Trojaner auf - unter der Bedingung, dass die Latiner nicht den Namen der siegreichen Trojaner annehmen müssen. Jupiter verspricht ihr, dass das künftige Mischvolk aus Trojanern und italischen Ureinwohnern latinischen Brauch und Sprache beibehalten und überdies Juno in besondere Weise verehren werden. Damit ist der Weg für den Sieg der trojanischen Seite frei. Wenig später sinkt Turnus, vom Speer des Äneas getroffen, zu Boden (*Aen.* 12, 930-952).

W Übersetzen Sie folgende Wendungen treffend:
uti fortuna (sorte) - volvere oculos - sumere poenam ex sanguine scelerato

14 Ille humilis supplex oculos dextramque precantem
protendens „Equidem merui nec deprecor“, inquit;
„utere sorte tua. Miseri te si qua parentis
tangere cura potest, oro (fuit et tibi talis
Anchises genitor) Dauni miserere senectae
et me, seu corpus spoliatum lumine mavis,
redde meis. Vicisti et victum tendere palmas
Ausonii videre; tua est Lavinia coniunx,
ulterius ne tende odiis.“ Stetit acer in armis
Aeneas volvens oculos dextramque repressit;
et iam iamque magis cunctantem flectere sermo
coeperat, infelix umero cum apparuit alto
balteus et notis fulserunt cingula bullis
Pallantis pueri, victum quem vulnere Turnus
straverat atque umeris inimicum insigne gerebat.
Ille, oculis postquam saevi monumenta doloris
exuviasque hausit, furiis accensus et ira
terribilis: „Tune hinc spoliis indute meorum
eripiare mihi? Pallas te hoc vulnere, Pallas
immolat et poenam scelerato ex sanguine sumit.“
Hoc dicens ferrum adverso sub pectore condit
fervidus; ast illi solvuntur frigore membra
vitaque cum gemitu fugit indignata sub umbras.

prōtendere: *hier* erheben
dēprecārī: um Gnade flehen
sors: *hier* Gunst der Stunde
K. sī (ali)qua cūra miserī parentis tē tangere potest
genitor, ōris m: Vater
Anchīsēs, Daunus: EV - **senecta:** das hohe Alter - **lūmen:** *hier* Leben -
palma: Hand
Ausoniī, Lāvīnia: EV
ulterius: darüber hinaus - **nē ... tende** ~ nōlī tendere! - **tendere:** *hier* fortfahren - **in armīs:** in voller Rüstung - **reprimere** (Perf.: repressī): zurückhalten - **iam iamque magis:** immer mehr - **cunctārī:** *hier* zögern
balteus: Schwertgurt - **fulgēre:** (auf-)blitzen - **cingulum:** Schultergurt - **bulla:** Knopf, Metallplatte
īnsīgne, is n: Kennzeichen
ille ~ Aenēās - **oculīs haurīre** (Perf.: hausī): *hier* mit den Augen erfassen
exuviae, ārum f Pl.: erbeutete Rüstung - **furia:** Wut - **tū-ne** - **spolium:** LW3 - **indūtus** (+ Abl.): bekleidet mit - **meī, ōrum** Pl.: meine Leute
immolāre: *hier* töten
adversus: *hier* zugewandt - **condere sub** (+ Abl.): *hier* tief hineinstoßen in
fervidus: rasend (vor Zorn)
ast ~ at

1. Paraphrasieren Sie den Gedankengang der Turnusrede (→ QR-Code 02, S. 11).
2. Erschließen Sie aus Äneas' Körpersprache sein Fühlen und Denken.
3. Erklären Sie Äneas' blitzartige Verhaltensänderung.
4. Analysieren Sie V. 21–23 metrisch und tragen Sie laut vor (→ QR-Code 03, S. 12).
5. Erörtern Sie Äneas' Tun vor dem Hintergrund
   a) des berühmten Äneisverses *parcere subiectis et debellare superbos* (→ T 7, V. 7, S. 20) und
   b) seines Wesens als *pius Aeneas* (→ M1).
6. Diskutieren Sie, ob Turnus als *subiectus* oder *superbus* einzuschätzen ist.
7. Überprüfen Sie Galinskys These (→ M2) am vorliegenden Text.
8. Erläutern Sie die spezifische Gestaltung des Bildes (→ QR-Code 04, S. 15).

Barry Moser (geb. 1940): Äneas tötet Turnus, Buchillustration

M1 Äneas und Achill

Vergil hat mit dem *pius Aeneas* einen neuen, modernen Heldentypus erschaffen, dem es nicht um persönlichen Ruhm, sondern um die Gemeinschaft und das Fortleben des trojanischen Geschlechts geht. Gemessen an homerischen Helden lässt er ein ungewöhnliches Maß an Gnade mit seinen Gegnern walten. Nach dem Tod des Pallas aber stattet Vergil ihn mit den Zügen des archaischen Helden Achill aus, der nach dem Tod seines jungen Waffengefährten Patroklos auf dem Schlachtfeld zu wüten beginnt.

M2 Die Eigenheit augusteischer Kunst und Literatur

Anstelle einfacher und auf der Hand liegender Botschaften verlangt die augusteische Kunst und Dichtung nach intellektueller Teilnahme des Betrachters oder Lesers und nach sorgfältiger Suche alternativer Erklärungsmöglichkeiten, damit die Aussageabsichten der Künstler in ihrer ganzen Bandbreite verstanden werden können.
(Karl Galinsky: Augustan Culture, Princeton 1996, S. 22; Übersetzung: Michael Lobe)

Interpretieren (*interpretari* „erklären, auslegen") heißt, den Bedeutungsgehalt eines Textes in seiner Vielschichtigkeit zu erfassen. Das erfolgt in **zwei Schritten:** Am Anfang sollte eine knappe, präzise formulierte, **strukturierte Wiedergabe des Inhalts bzw. des Gedankengangs stehen (Paraphrase)** – so entsteht eine **grobe Übersicht.**

Im Anschluss daran erfolgt die **detallierte Untersuchung sprachlicher und stilistisch-formaler Auffälligkeiten** des Textes – **die Feinanalyse.**

Das bloße Benennen eines Stilmittels oder einer sprachlichen Besonderheit trägt nichts zum Verständnis des Textes bei; stets muss die jeweilige Funktion für die Textaussage herausgearbeitet werden. Dabei müssen alle Behauptungen durch Zitate aus dem Text unter Angabe der Zeile belegt werden.

Eine Interpretation erfolgt oft im Unterrichtsgespräch; in der Klausur schriftlich. Für beide Formen empfiehlt sich folgende Vorgehensweise:

Tipp

Untergliedern Sie den Text zunächst in **Sinnabschnitte**, die Sie mit **selbstformulierten Überschriften** sowie der **genauen Zeilen- bzw. Versangabe** versehen. Markieren Sie dann mit verschiedenfarbigen Stiften einzelne Textelemente nach von Ihnen ausgewählten **Untersuchungskriterien**, etwa auffällige **Stilmittel, Häufung bestimmter Wortfelder, zu erklärende Metaphern** etc. Keinesfalls geht es dabei um Vollständigkeit: Sie sollten z.B. nicht alle Stilmittel heraussuchen, sondern wenige aussagekräftige, deren Funktion für die Textaussage Sie deutlich machen sollten.

Bsp.: Interpretation von Text 9

Schritt 1: Grobübersicht durch strukturierte Wiedergabe des Inhalts

V. 1–3 Fokussierung auf die Mitte des Schildes: Szenerie bei Actium

V. 4–7 Augustus als alles überstrahlender Anführer der römischen Flotte

V. 8–10 Sein Flottenkommandant Agrippa

V. 11–14 Gegner Antonius mit Kleopatra und der Flotte des Orients

V. 15–26 Schilderung der Seeschlacht

Schritt 2: Feinanalyse sprachlicher und stilistischer Auffälligkeiten

Diese Passage thematisiert das zentrale Bildmotiv des Schildes, den Göttin Venus ihrem Sohn Äneas übergeben hatte: Die Seeschlacht von Actium 31 v. Chr. zwischen Octavian (dem späteren Kaiser Augustus) und Marc Anton, den Konkurrenten um die römische Macht. Nach der Exposition (Z. 1 - 3), die mit der Metonymie (*Marte* für ‚Kriegsschiffe') dem Geschehen von Beginn an eine mythische Aura verleiht, steht sofort Octavian (anachronistisch bereits als Augustus bezeichnet) im Mittelpunkt, stilistisch hervorgehoben durch die Alliteration des Explosivlauts P (*cum **p**atribus **p**opuloque, **p**enatibus*, V. 5). Die dadurch zusammengespannten Begriffe verdeutlichen auf stilistischer Ebene die enge Verbindung Octavians mit dem Senat und dem Volk und lassen ihn so als einzig legitimen Anwärter auf die Führungsrolle im römischen Reich erscheinen. Seine exponierte Stellung (*stans celsa in puppi*, V. 6) im Verbund mit der Doppelflamme um seine Schläfen und dem *sidus Iulium* (vgl. **i2**, S. 25) auf seinem Scheitel überhöhen ihn wie eine Göttererscheinung.

Ebenfalls durch eine auffällige Alliteration (***a**rduus **a**gmen **a**gens*, V. 9) hervorgehoben wird in den Folgeversen sein Flottenkommandant Agrippa, der durch die weithin strahlende *corona navalis* (V. 10) als notorischer Seesieger eingeführt wird. Noch vor Beginn der Seeschlacht scheinen die Rollen von Sieger und Verlierer also verteilt. Entsprechend negativ konnotiert wird im Folgenden der Gegner Antonius: Seine Flotte erscheint als Sammelsurium aus fremden orientalischen Völkern (V. 13f.). Dazu zieht die ägyptische Königin Kleopatra als seine Ehefrau mit in die Schlacht (V. 14) - für das Rollenverständnis, die republikanisch freiheitliche Gesinnung und den Nationalstolz eines traditionellen römischen Lesers eine Unart.

Die Seeschlacht selbst wird wie eine gewaltige Naturkatastrophe dargestellt: Schiffe erscheinen als schwimmende Inseln, die wie Gebirge aufeinander krachen (V. 17f.). In einem kühnen Bildsprung erscheint das Meer als Landfläche im Besitz Neptuns (*arva ... Neptunia*), die sich wie ein Schlachtfeld vom Blut der Soldaten rötet (V. 21). Rhetorisch zugespitzt werden die gegnerischen Parteien im Schwarz-Weiß-Verfahren kontrastiert: Auf der einen Seite Kleopatra mit ihren vielgestaltigen Göttern, wobei der hundsköpfige Gott Anubis chauvinistisch als Kläffer (*latrator*) herabgesetzt wird, auf der anderen Seite die Trias vertrauter römischer Gottheiten auf Seiten Octavians (V. 25f.).

LW 1	
memor, oris	etw. im Gedächtnis behaltend, sich erinnernd; nachtragend
memorāre	sich ins Gedächtnis rufen
rēgīna	die Königin, die Herrin
īnsīgnis, e (+ Abl.)	sich auszeichnend, auffallend durch
caelestis, e	himmlisch, göttlich

LW 2	
sublīmis, e	hoch hinauf
māgnanimus, a, um	hochherzig, mutig, edel
ferōx, ōcis	wild, verwegen
rēgnāre	herrschen
subigere, -igō, -ēgī, -āctum	hinauftreiben, unterwerfen, zwingen
explēre, -pleō, -plēvī, -plētum	ausfüllen, vollenden
trānsferre, -ferō, -tulī, -lātum	verlegen, übertragen
ter Adv.	dreimal
dōnec (+ Ind./Konj.)	solange (als) / (solange) bis
geminus, a, um	doppelt, zweifach, Zwillings-
prōlēs, is f	der Sprössling, die Nachkommenschaft

LW 3	
astrum	der Stern
spolium	die Beute, das Beutestück
onustus, a, um	beladen, bepackt
vōtum	das Gelübde, das Gebet, der Wunsch
cruentus, a, um	blutig, blutverschmiert

LW 4	
dissimulāre	heucheln
reservāre	aufsparen
flētus, ūs m	das Weinen, das Wehklagen
miserārī	beklagen, bejammern
nusquam Adv.	nirgends
dēmēns, entis	von Sinnen
augur, uris m	der Seher, der Ausdeuter von Traumbildern
iussum	der Befehl
scopulus	die Klippe
aeger, gra, grum	krank, leidend
cunctārī	zögern, zaudern
gemere, gemō, gemuī	seufzen

LW 5	
profundus, a, um	tief
discessus, ūs m	der Weggang, der Abschied
subtrahere, -trahō, -trāxī, -tractum	entziehen
nemus, oris n	der Hain, der/das Wald(stück)
percutere, percutiō, percussī, percussum	erschüttern

LW 6	
axis, is m	das Himmelsgewölbe
arvum	das Land, das Feld
tellūs, ūris f	das Land, die Erde
stēlla	der Stern
trepidus, a, um	zitternd, ängstlich
ōstium	die Mündung (eines Flusses)
cerva	die Hirschkuh
pācāre	befrieden, sicher machen
arcus, ūs m	der Bogen
celsus, a, um	hochaufragend, erhöht

LW 7	
spīrāre	atmen
marmor, oris n	der Marmor
causās ōrāre	Gerichtsreden halten
meātus, ūs m	die Umlaufbahn (der Sterne)
dēbellāre	niederkämpfen, niederschlagen

LW 8	
līmen, minis n	die Tür, die Türschwelle
contemnō, contemnere, contempsī, contemptum	verachten
folium	das Blatt
pellis, is f	das Fell, der Pelz
ursa	die Bärin

LW 9	
penātēs, ium m Pl.	die Haus-, Schutzgötter
puppis, is f	das Hinterdeck des Schiffes, das Schiff
tempus, oris n	die Schläfe
vertex, icis m	der Scheitel
īnsīgne, is n	das Abzeichen
fulgēre, fulgeō, fulsī	glänzen, blitzen, funkeln
Oriēns, Orientis m	der Osten
spūmāre	schäumen
concurrere, -currō, -currī, -cursum	zusammenstoßen
rubēscere, rubēscō, rubuī	rot werden

LW 11	
fors, fortis f	der Zufall
hospitium	die Gastfreundschaft
fulgēns, entis	glänzend
ēnsis, is m	das Schwert
merēre, mereō, meruī	verdienen
tumulus	der Grabhügel
sōlāmen, inis n	der Trost
potīrī, potior, potītus sum (+ Abl.)	eine Sache in seinen Besitz bringen
rēs secundae f Pl.	das Glück
intāctus, a, um	unberührt, unverletzt
pedes, itis m	der Kämpfer (zu Fuß)
apparāre (+ Inf.)	sich vorbereiten, etw. zu tun
taurus	der Stier
advolāre	herbeistürmen
adiuvāre (+ Akk.)	unterstützen

LW 12	
extrēmus, a, um	der äußerste, letzte
Parcae, ārum f Pl.	die Parzen (Schicksalsgöttinnen)
validus, a, um	stark, kräftig
mināx, ācis	drohend (mit Akk. der Richtung: in Bezug auf)
tunica	die Tunika, das Untergewand
maestus, a, um	traurig
pallēre	blass sein, erbleichen
miserārī	bemitleiden
indolēs, is	die Begabung, das Talent
sōlārī (aliquid aliquā rē)	sich (mit etwas über etwas hinweg) trösten
increpāre	schimpfen
cūnctārī	zögern

LW 14	
humilis, e	auf dem Boden befindlich, niedrig
miserērī (+ Gen.)	Mitleid haben mit
appārēre, appāreō, appāruī	sich zeigen
sternere, sternō, strāvī, strātum	niederstrecken, töten
terribilis, e	schrecklich
immolāre	opfern
frīgus, oris m	die Kälte
indīgnārī, indīgnor, indīgnātus sum	gekränkt, empört sein

Actium, ī Aktium, Stadt an der Westküste Griechenlands, wo am 2. September 31 v. Chr. die entscheidende Seeschlacht zwischen Octavian und M. Antonius bzw. Kleopatra stattfand

Aenēās, ae trojanischer Held, Sohn der Venus und des Anchises, Stammvater der Römer; nach der Zerstörung Trojas musste er mit seinem Vater, Sohn Askanius und seinen Gefährten lange Irrfahrten überstehen, bis er zu der von den Göttern geweissagten neuen Heimat Italien gelangte

Agrippa, ae Marcus Agrippa (63-12 v. Chr.), Feldherr, Flottenadmiral und Schwiegersohn des Augustus

Alba Longa, ae Stadt in Latium, gegründet von Askanius, nachdem die alte Hauptstadt der trojanischen Einwanderer Lavinium zu klein geworden war; Alba Longa blieb Hauptstadt, bis Romulus Rom gründete

Albānus, a, um zu Alba Longa gehörend, albanisch

Alcīdēs, ae der Alkide, d.h. Herkules, der Enkel des Alkeus

Anchīsēs, ae Anchises; trojanischer Fürst; hatte eine Liebesbeziehung mit der Göttin Venus, aus der Äneas hervorging

Antōnius, ī Marcus Antonius (83-30 v. Chr.), einflussreicher römischer Politiker und Feldherr, Anhänger Cäsars; bildete 43 v. Chr. zusammen mit Octavian (Augustus) und Lepidus das zweite Triumvirat, das 32 v. Chr. endete, als Antonius von Octavian zum Staatsfeind erklärt wurde; in der Schlacht bei Aktium 31 v. Chr. unterlag er Octavian und beging daraufhin Selbstmord

Anūbis, idis ägyptische Gottheit der Unterwelt, mit Hundekopf dargestellt

Apollō, inis Gott des Lichts, der Musik und der Künste sowie der Heilkunst und der Weissagung (griech.: Apollon); in der griechischen Stadt Delphi befand sich sein berühmtestes Heiligtum mit Orakelstätte

Arcades, um das aus dem griechischen Arkadien stammende und nach Italien ausgewanderte Volk des Euander

Ascanius, ī auch Julus genannt; Sohn des Äneas und der Kreusa, Gründer von Alba Longa

Atlās, antis König von Mauretanien; er verweigerte dem Reisenden Perseus gastliche Aufnahme und wurde deshalb von ihm mit dem Haupt der Medusa zu Stein verwandelt; oft wird er als Träger des Himmelsgewölbes dargestellt

Augustus, ī ursprüngl. Name Gajus Octavius (63 v. Chr.-14 n. Chr.), Großneffe und Adoptivsohn Cäsars, erster römischer Kaiser; mit seinem Sieg über Antonius hat er 31 v. Chr. die Alleinherrschaft über das Römische Reich erlangt; 27 v. Chr. verlieh ihm der Senat den Ehrentitel Augustus („der Erhabene")

Ausoniī, ōrum die Ausonier (Ureinwohner Italiens)

Caesar, aris Gajus Julius Cäsar (100-44 v. Chr.), römischer Politiker, Feldherr und Schriftsteller; als Politiker strebte er die Alleinherrschaft in Rom an; am 15. März 44. v. Chr. wurde er von einer Gruppe römischer Senatoren ermordet, die in ihm einen Tyrannen sahen

Capitōlium, ī einer der sieben Hügel Roms; heiligster Ort Roms mit dem Tempel des Jupiter Optimus Maximus

Cleopatra, ae Kleopatra VII., letzte Königin Ägyptens von 51-30 v. Chr.; hatte zunächst ein Verhältnis mit Cäsar, nach seinem Tod mit Antonius; 31 v. Chr. unterlagen sie und Antonius dem Heer des Octavian (Augustus) bei Aktium und begingen daraufhin Selbstmord

Cytherēa Beiname der Venus (Cythēra = griechische Insel mit Aphroditekult)

Daunus, ī Vater des Turnus

Dīdō, ūs/ōnis Königin von Karthago, Geliebte des Aeneas

Drances, is Mitglied des Rats der Latiner, Gegner des Turnus

Euander, drī König von Arkadien, Herrscher über das Altrom Pallanteum, Vater des Pallas

Euryalus, ī Trojaner, enger Freund des Nisus, mit dem er nachts ins Lager der Rutuler einbricht

Ilia, ae → Rhea Silvia

Italia, ae Halbinsel im Mittelmeerraum, von Jupiter dem aus Troja fliehenden Aeneas als neue Heimat versprochen

Italus, a, um zu Italien gehörend, italisch

Iūlus, ī → Ascanius

Iūnō, ōnis Schwester und Gattin des Jupiter (griech.: Hera); weil der trojanische Prinz Paris den Schönheitspreis der Göttin Venus und nicht ihr überreichte, verfolgte sie die Trojaner, insbesondere den aus Troja fliehenden Aeneas, mit ihrem Zorn

Iuppiter, Iovis Göttervater und höchster Gott der Römer (griech.: Zeus)

Latium, ī Landschaft in Mittelitalien, Urheimat der Latiner

Lausus, ī Sohn des Etruskerfürsten Mezentius, von Aeneas im Zweikampf getötet

Lāvīnia, ae Tochter des Königs Latinus, Ehefrau des Aeneas nach dessen Sieg über Turnus

Lāvīnium, ī Stadt in Latium, südlich von Rom, von Aeneas gegründet und nach seiner Ehefrau Lavinia benannt

Līber, erī Weingott Bacchus ('der Sorgenbefreier') (griech.: Dionysos)

Mārs, Mārtis Gott des Krieges, Vater der Zwillinge Romulus und Remus (griech.: Ares)

Minerva, ae Tochter des Jupiter, Göttin der Weisheit und des Handwerks (griech.: Athene)

Neptūnus, ī Bruder des Jupiter, Gott des Meeres (griech.: Poseidon)

Nīsus, ī Trojaner, enger Freund des Euryalus, mit dem er nachts ins Lager der Rutuler einbricht

Pallās, antis Sohn des Königs Euander, fällt im Zweikampf gegen Turnus

Parcae, arum die Schicksalsgöttinnen

Penātēs, ium Penaten; römische Haus- und Schutzgötter

Quirīnus, ī ursprünglich sabinischer Gott, später Ehrenname für den vergöttlichten Romulus

Remus, ī Sohn von Rhea Silvia und Mars, Bruder des Romulus

Rhēa Silvia, ae Tochter des Königs Numitor von Alba Longa; Mars zeugte mit ihr die Zwillinge Romulus und Remus

Rōmulus, ī Sohn von Rhea Silvia und Mars, zusammen mit seinem Zwillingsbruder Remus von einer Wölfin aufgezogen; gründete Rom und tötete im Streit seinen Bruder Remus

Rutulī, ōrum Rutuler; ein italischer Volksstamm in Latium; in der Aeneis ist Turnus ihr Anführer

Saturnius pater → Iuppiter

Sāturnus, ī Gott des Goldenen Zeitalters, in dem der Sage nach Frieden und Gleichheit unter den Menschen herrschten

Sychaeus, ī verstorbener erster Ehemann der Dido

Trōia, ae Stadt im Nordwesten Kleinasiens (heute Türkei); wurde im Trojanischen Krieg nach zehnjähriger Belagerung von den Griechen erobert; Heimatstadt von Aeneas

Turnus, ī Fürst und Anführer der Rutuler, eines Volksstammes in Latium

Venus, eris Tochter des Jupiter, Göttin der Liebe und der Schönheit, Mutter des Äneas (griech.: Aphrodite)

Vesta, ae die Göttin des heiligen Herd- und Opferfeuers, Hüterin über Heim und Herd; der Tempel der Vesta stand auf dem Forum Romanum

Volcens, tis Latiner, der den Trojaner Euryalus im Kampf tötet

Stilmittel

Allegorie	ein abstrakter Begriff wird personifiziert → Dramatisierung und Verlebendigung der Erzählung	*cana Fides (...) Belli portae, Furor impius* (T 3, V. 7ff.)
Alliteration	Wiederholung des Anlauts bei aufeinander folgenden Wörtern → Betonung durch akustischen Reiz	***s**aeva **s**edens **s**uper arma.* (T 3, V. 10)
Anapher	unveränderte Wiederholung eines Wortes bzw. einer Wortgruppe am Anfang von Sätzen oder Satzteilen → Verdeutlichung, Gedankenführung	***Num** fletu ingemuit nostro? **Num** lumina flexit? **Num** lacrimas victus dedit?* (T. 4, V. 8f.)
Apostrophe	der Autor spricht eine nicht anwesende Person oder Sache direkt an → Verlebendigung der Rede	***Tu** regere imperio populos, Romane, memento* (T 7, V. 5)
Antonomasie	Ersetzung eines Eigennamens durch einen umschreibenden Begriff → poetisch-feierliche Konnotation	*Haec, inquit, limina victor/ **Alcides** (= Herkules als Sohn des Alceus) subiit* (T 8, V. 4f.)
Enallage adiectivi	‚Adjektivtausch', bei dem ein Adjektiv auf ein eigentlich nicht passendes Substantiv bezogen wird → dichterischer Verfremdungseffekt, der für Überraschung sorgt	*memorem Iunonis ob iram*, eigtl. *memoris Iunonis ob iram* (T 1, V. 4) *pulchra Troianus origine Caesar*, eigtl. *pulchrā Troianā origine Caesar* (T 3, V. 1)
Epanalepse	Wiederholung eines Wortes oder einer Wortgruppe → beschwörend-pathetische Betonung	***Hic** vir, **hic** est, tibi quem promitti saepius audis* (T 6, V. 4)
Epitheton ornans	inhaltlich nicht zwingend notwendiges, veranschaulichendes Attribut → inhaltliche Vertiefung und Ergänzung	***pius** Aeneas* (T 4, V. 32) ***infelix** Dido* (T 5, V. 1)
Figura etymologica	zwei verschiedene Wörter innerhalb eines Satzes, die von einem Stamm abgeleitet sind → Hervorhebung eines inneren Zusammenhangs	***vicisti** et **victum** tendere palmas / Ausonii videre* (T 14, V. 7f.)
Hyperbaton	grammatisch zusammengehörige Wörter sind durch einen Einschub getrennt → besondere Betonung der einrahmenden oder eingerahmten Wörter; gedankliche Klammer	***Tantaene** animis caelestibus **irae**?* (T 1, V. 11) ***Longam** multa vi muniet **Albam*** (T 2, V. 15)
Hyperbel	Übertreibung → Intensivierung, Hervorhebung; oft ironisch	*pelago credas innare revulsas / Cycladas aut montis concurrere montibus altos* (T9 , V. 17f.)
Klimax	stufenweise Steigerung, meist in Dreierformel → starke Betonung v.a. des letzten Begriffs	*cum patribus populoque, penatibus et magnis dis* (T9, V. 5)
Metapher	übertragene, meist bildhafte Verwendung eines Begriffes → Veranschaulichung, Konkretisierung, Präzisierung	*arva Neptunia* (T 9, V. 21) *seu corpus spoliatum lumine mavis* (T 14, V. 6)
Metonymie	„Begriffsvertauschung": Das eigentliche Wort wird durch ein anderes ersetzt, das zu ihm in einer logischen Beziehung steht, häufig als *pars pro toto* → meist konkretisierend und Assoziationen weckend	*Excudent alli spirantia mollius aera* (T 7, V. 1)
Parallelismus	parallele Abfolge von Wortgruppen → Hervorhebung gegenübergestellter Begriffe, oft antithetisch	*parcere **subiectis** et debellare **superbos*** (T 7, V. 7)

Parenthese	Einschub, ohne syntaktische Verbindung mit dem Kontext → ergänzender, kommentierender Gedanke	*sequiturque **(nefas)** Aegyptia coniunx* (T 9, V. 14)
Polysyndeton	durch et bzw. *-que* verbundene Reihung von Wörtern oder Sätzen → nachdrückliche Betonung, „Einhämmerung"	*bellum ingens geret Italia, populos**que** feroces / contundet, mores**que** viris et meonia ponet* (T 2, V. 7f.)
Rhetorische Frage	Frage, auf die keine Antwort erwartet wird, da sie vorausgesetzt ist → Einbezug des Adressaten, teils lenkend, manipulativ	Tune hinc spoliis indute meorum / eripiare mihi? (T 14, V. 18f.)
Trikolon	Reihung aus drei → (oft steigernd)	*Per sidera iuro, / per superos et si qua fides tellure sub ima est* (T 5, V. 3f.)
Vergleich	Gegenüberstellung zweier Gegenstände mithilfe der Vergleichspartikel „wie" (*ut*) → Veranschaulichung, Präzisierung	*utque leo (...) haud alia est Turni venientis imago* (T 11, V. 2ff.)